与学生谈自然教育

《"四特"教育系列丛书》编委会　编著

吉林出版集团股份有限公司
全国百佳图书出版单位

图书在版编目 (CIP) 数据

与学生谈自然教育／《"四特"教育系列丛书》编委会
编著 . —长春：吉林出版集团股份有限公司，2012.4
　　（"四特"教育系列丛书／庄文中等主编 . 与学生谈生
命与青春期教育）
　　ISBN 978-7-5463-8649-2

　　Ⅰ. ①与… Ⅱ . ①四… Ⅲ . ①自然教育－青年读特②自然
教育－少年读物 Ⅳ . ① G40-02

　　中国版本图书馆 CIP 数据核字（2012）第 044159 号

与学生谈自然教育

YU XUESHENG TAN ZIRAN JIAOYU

出 版 人　吴　强
责任编辑　朱子玉　杨　帆
开　　本　690mm×960mm　1/16
字　　数　250 千字
印　　张　13
版　　次　2012 年 4 月第 1 版
印　　次　2023 年 2 月第 3 次印刷

出　　版　吉林出版集团股份有限公司
发　　行　吉林音像出版社有限责任公司
地　　址　长春市南关区福祉大路 5788 号
电　　话　0431-81629667
印　　刷　三河市燕春印务有限公司

ISBN 978-7-5463-8649-2　　　　　　定价：39.80 元

前　言

　　学校教育是个人一生中所受教育最重要组成部分，个人在学校里接受计划性的指导，系统地学习文化知识、社会规范、道德准则和价值观念。学校教育从某种意义上讲，决定着个人社会化的水平和性质，是个体社会化的重要基地。知识经济时代要求社会尊师重教，学校教育越来越受重视，在社会中起到举足轻重的作用。

　　"四特教育系列丛书"以"特定对象、特别对待、特殊方法、特例分析"为宗旨，立足学校教育与管理，理论结合实践，集多位教育界专家、学者以及一线校长、老师们的教育成果与经验于一体，围绕困扰学校、领导、教师、学生的教育难题，集思广益，多方借鉴，力求全面彻底解决。

　　本辑为"四特教育系列丛书"之《与学生谈生命与青春期教育》。

　　生命教育是一切教育的前提，同时还是教育的最高追求。因此，生命教育应该成为指向人的终极关怀的重要教育理念，它是在充分考察人的生命本质的基础上提出来的，符合人性要求，是一种全面关照生命多层次的人本教育。生命教育不仅只是教会青少年珍爱生命，更要启发青少年完整理解生命的意义，积极创造生命的价值；生命教育不仅只是告诉青少年关注自身生命，更要帮助青少年关注、尊重、热爱他人的生命；生命教育不仅只是惠泽人类的教育，还应该让青少年明白让生命的其它物种和谐地同在一片蓝天下；生命教育不仅只是关心今日生命之享用，还应该关怀明日生命之发展。

　　同时，广大青少年学生正处在身心发展的重要时期，随着生理、心理的发育和发展、社会阅历的扩展及思维方式的变化，特别是面对社会的压力，他们在学习、生活、人际交往和自我意识等方面，都会遇到各种各样的心理困惑或问题。因此，对学生进行青春期健康教育，是学生健康成长的需要，也是推进素质教育的必然要求。青春期教育主要包括性知识教育、性心理教育、健康情感教育、健康心理教育、摆脱青春期烦恼教育、健康成长教育、正确处世教育、理想信念教育、坚强意志教育、人生观教育等内容，具有很强的系统性、实用性、知识性和指导性。

　　本辑共20分册，具体内容如下：

　　1.《与学生谈自我教育》

　　自我教育作为学校德育的一种方法，要求教育者按照受教育者的身心发展阶段予以适当的指导，充分发挥他们提高思想品德的自觉性、积极性，使他们能把教育者的要求，变为自己努力的目标。要帮助受教育者树立明确的是非观念，善于区别真伪、善恶和美丑，鼓励他们追求真、善、美，反对假、恶、丑。要培养受教育者自我认识、自我监督和自我评价的能力，善于肯定并坚持自己正确的思想言行，勇于否定并改正自己错误的思想言行。要指导受教育者学会运用批评和自我批评这种自我教育的方法。

　　2.《与学生谈他人教育》

　　21世纪的教育将以学会"关心"为根本宗旨和主要内容。一般认为，"关心"包括关心自己、关心他人、关心社会和关心学习等方面。"关心他人"无疑是"关心"教育的最为重要的方面之一。学会关心他人既是继承我国优良传统的基础工程,也是当前社会主义精神文明建设的基础工程,是社会公德、职业道德的主要内容。许多革命伟人,许多英雄模范,他们之所以有高尚境界,其道德基础就在于"关心他人"。本书就学生的生命与他人教育问题进行了系统而深入的分析和探讨。

3.《与学生谈自然教育》

自然教育是解决如何按照天性培养孩子,如何释放孩子潜在能量,如何在适龄阶段培养孩子的自立、自强、自信、自理等综合素养的均衡发展的完整方案,解决儿童培养过程中的所有个性化问题,培养面向一生的优质生存能力、培养生活的强者。自然教育着重品格、品行、习惯的培养;提倡天性本能的释放;强调真实、孝顺、感恩;注重生活自理习惯和非正式环境下抓取性学习习惯的培养。

4.《与学生谈社会教育》

现代社会教育是学校教育的重要补充。不同社会制度的国家或政权,实施不同性质的社会教育。现代学校教育同社会发展息息相关,青少年一代的成长也迫切需要社会教育密切配合。社会要求青少年扩大社会交往,充分发展其兴趣、爱好和个性,广泛培养其特殊才能,因此,社会教育对广大青少年的成长来说,也其有了极其重要的意义。本书就学生的生命与社会教育问题进行了系统而深入的分析和探讨。

5.《与学生谈创造教育》

我们中小学实施的应是广义的创造教育,是指根据创造学的基本原理,以培养人的创新意识、创新精神、创造个性、创新能力为目标,有机结合哲学、教育学、心理学、人才学、生理学、未来学、行为科学等有关学科,全面深入地开发学生潜在创造力,培养创造型人才的一种新型教育。其主要特点有:突出创造性思维,以培养学生的创造性思维能力为重点;注重个性发展,让学生的禀赋、优势和特长得到充分发展,以激发其创造潜能;注意启发诱导,激励学生主动思考和分析问题;重视非智力因素。培养学生良好的创新心理素质;强调实践训练,全面锻炼创新能力。本书就学生的生命与创造教育问题进行了系统而深入的分析和探讨。

6.《与学生谈非智力培养》

非智力因素包含:注意力、自信心、责任心、抗挫折能力、快乐性格、探索精神、好奇心、创造力、主动思索、合作精神、自我认知……本书就学生的非智力因素培养问题进行了系统而深入的分析和探讨,并提出了解决这一问题的新思路、可供实际操作的新方案,内容翔实,个案丰富,对中小学生、教师及家长均有启发意义。本书体例科学,内容生动活泼,语言简洁明快,针对性强,具有很强的系统性、实用性、实践性和指导性。

7.《与学生谈智力培养》

教师在教学辅导中对孩子智力技能形成的培养,应考虑智力技能形成的阶段,采取多种教学措施有意识地进行。本书就学生的智力培养教育问题进行了系统而深入的分析和探讨,并提出了解决这一问题的新思路、可供实际操作的新方案,内容翔实,个案丰富,对中小学生、教师及家长均有启发意义。本书体例科学,内容生动活泼,语言简洁明快,针对性强,具有很强的系统性、实用性、实践性和指导性。

8.《与学生谈能力培养》

真正的学习是培养自己在没有路牌的地方也能走路的能力。能力到底包括哪些内容?怎样培养这些能力呢?本书就学生的能力培养问题进行了系统而深入的分析和探讨,并提出了解决这一问题的新思路、可供实际操作的新方案,内容翔实,个案丰富,对中小学生、教师及家长均有启发意义。本书体例科学,内容生动活泼,语言简洁明快,针对性强,具有很强的系统性、实用性、实践性和指导性。

9.《与学生谈心理锻炼》

心理素质训练在提升人格、磨练意志、增强责任感和团队精神等方面有着特殊的功效,作为对大中专学生的一种辅助教育方法,不仅能够丰富教学内容,改革教学模式,而且能使大学生获得良好的体能训练和心理教育,增强他们的社会适应能力,提高他们毕业之后走上工作岗位的竞争力。本书就学生的心理锻炼问题进行了系统而深入的分析和探讨。

10.《与学生谈适应锻炼》

适应能力和方方面面的关系很密切,我认为主要有以下几个方面:社会环境、个人经历、身体状况、年龄性格、心态。其中最重要是心态,不管遇到什么事情,都要尽可能的保持乐观的态度从容的心态。适应新环境、适应新工作、适应新邻居、适应突发事件的打击、适应高速的生活节奏、适应周边的大悲大喜,等等,都需要我们用一种冷静的态度去看待周围的事物。本书就学生的社会适应性锻炼教育问题进行了系统而深入的分析和探讨。

11.《与学生谈安全教育》

采取广义的解释,将学校师生员工所发生事故之处,全部涵盖在校园区域内才,如此我们在探讨校园安全问题时,其触角可能会更深、更远、更广、更周详。

12.《与学生谈自我防护》

防骗防盗防暴与防身自卫、预防黄赌毒侵害等内容,生动有趣,具有很强的系统性和实用性,是各级学校用以指导广大中小学生进行安全知识教育的良好读本,也是各级图书馆收藏的最佳版本。

13.《与学生谈青春期情感》

青春期是花的季节,在这一阶段,第二性征渐渐发育,性意识也慢慢成熟。此时,情绪较为敏感,易冲动,对异性充满了好奇与向往,当然也会伴随着出现许多情感的困惑,如初恋的兴奋、失恋的沮丧、单恋的烦恼等等。中学生由于尚处于发育过程中,思想、情感极不稳定,往往无法控制自己的情绪,考虑问题也缺乏理性,常常会造成各种错误,因此人们习惯于将这一时期称作"危险期"。本书就学生的青春期情感教育问题进行了系统而深入的分析和探讨。

14.《与学生谈青春期心理》

青春期是人的一生中心理发展最活跃的阶段,也是容易产生心理问题的重要阶段,因此要关注心理健康。本书就学生的青春期心理教育问题进行了系统而深入的分析和探讨,并提出了解决这一问题的新思路、可供实际操作的新方案,内容翔实,个案丰富,对中小学生、教师及家长均有启发意义。本书体例科学,内容生动活泼,语言简洁明快,针对性强,具有很强的系统性、实用性、实践性和指导性。

15.《与学生谈青春期健康》

青春期常见疾病有,乳房发育不良,遗精异常,痤疮,青春期痤疮,神经性厌食症,青春期高血压,青春期甲状腺肿大,甲型肝炎等。用注意及时预防以及注意膳食平衡和营养合理。本书就学生的青春期健康教育问题进行了系统而深入的分析和探讨,并提出了解决这一问题的新思路、可供实际操作的新方案,内容翔实,个案丰富,对中小学生、教师及家长均有启发意义。本书体例科学,内容生动活泼,语言简洁明快,针对性强,具有很强的系统性、实用性、实践性和指导性。

16.《与学生谈青春期烦恼》

青少年产生烦恼的生理原因是什么?青少年的烦恼有哪些?消除青春期烦恼的科学方法有哪些?本书就学生如何摆脱青春期烦恼问题进行了系统而深入的分析和探讨,并提出了解决这一问题的新思路、可供实际操作的新方案,内容翔实,个案丰富,对中小学生、教师及家长均有启发意义。本书体例科学,内容生动活泼,语言简洁明快,针对性强,具有很强的系统性、实用性、实践性和指导性。

17.《与学生谈成长》

成长教育的概念,从目的和方向上讲,应该是培育身心健康的、适合社会生活的、能够自食其力的、家庭和睦的、追求幸福生活的人;从内容上讲,主要是素质及智慧的开发和培育。人的内涵最根本的是思想,包括思想的内容、水平、能力等;外显的是言行、气质等。本书就学生的健康成长问题进行了系统而深入的分析和探讨,并提出了解决这一问题的新思路、可供实际操作的新方案,内容翔实,个案丰富,对中小学生、教师及家长均有启发意义。

18.《与学生谈处世》

处世是人生的必修课,从小要教给孩子处世的技巧,让孩子学会处世的智慧,这对他们的成长至关重要。本书从如何做事、如何交往、如何生活、如何与人沟通、如何处理自己的消极情绪等十个方面着手,力图把处世的智慧教给孩子,让孩子学会正确处理复杂的人际关系。本书体例科学,内容生动活泼,语言简洁明快,针对性强,具有很强的系统性、实用性、实践性和指导性。

19.《与学生谈理想》

教育是一项育人的事业,人是需要用理想来引导的。教育是一项百年大计,大计是需要用理想来坚持的。教育是一项崇高的事业,崇高是需要用理想来奠实的。学校没有理想,只会急功近利,目光短浅,不能真正为学生终身发展奠基;教师没有理想,只会自怨自艾,早生倦怠,不会把教育当作终身的事业来对待。学生没有理想,就没有美好的未来。本书就学生的理想信念问题进行了系统而深入的分析和探讨,并提出了解决这一问题的新思路、可供实际操作的新方案,内容翔实,个案丰富,对中小学生、教师及家长均有启发意义。

20.《与学生谈人生》

人生观是对人生的目的、意义和道路的根本看法和态度。内容包括幸福观、苦乐观、生死观、荣辱观、恋爱观等。它是世界观的一个重要组成部分,受到世界观的制约。本书就学生如何树立正确的人生观问题进行了系统而深入的分析和探讨,并提出了解决这一问题的新思路、可供实际操作的新方案,内容翔实,个案丰富,对中小学生、教师及家长均有启发意义。本书体例科学,内容生动活泼,语言简洁明快,针对性强,具有很强的系统性、实用性、实践性和指导性。

由于时间、经验的关系,本书在编写等方面,必定存在不足和错误之处,衷心希望各界读者、一线教师及教育界人士批评指正。

编者

目　录

第一章

生命与自然教育指导

1. 生命教育对学生发展的重要性

通过各种媒体报道关于中小学生自杀或杀人事件越来越多。众多的教育家和教育工作者从教育的体制、思想道德教育的弱化、心理健康等方面进行了分析，这些当然也有一定道理，但我们却没有从更深层次上好好分析、认真思考，我们的教育是否缺点什么根本性的东西？

当前生命教育的紧迫感

每一个人总是在一定的历史条件下社会关系中从事社会活动的社会现象的人，他不可能脱离社会和人群而生活，个人必须承担相应的社会义务、实现自身的价值，才有可能获得真正的全面发展。

我们今天更应关注现实生活中人的全面发展，不单是关注人的生理、心理、思想道德、科学文化水平本身的协调发展，还应关注人与自然、人与集体、自我与他人、个人自身的各个方面的发展，做到协调一致、同步运行。同时，从人本位和教育的最终目的的角度来看，"教师的工作就不再只是关注过去、面向人类已有的知识领域，而是要面向学生生命发展的未来"。其实质就是最大限度的挖掘人的内在潜能，充分调动人的积极性和主动性，提升个人的价值、地位、品位，展示人的个性，从而最终提高个人的人生质量，服务于社会，使得整个国家的素质得到真正的提高。

无论从社会发展的角度，还是素质教育的角度来看，现代教育的过程实质上是不断提高个体生命质量的过程，生命教育应该成为教育的永恒主题。生命教育才是教育最最本质的内涵，从而使受教育者获得全面的发展，终身的发展，可持续的发展。

生命教育，顾名思义就是有关生命的教育，其含义有广义和狭义之分。狭义的一般是指关于人的生命的教育，就是指对个体从出生到死亡的整个过程中，通过有目的、有计划、有组织的进行生存意识熏陶、生存能力培养和生命价值提升，展现生命的意义和价值。广义的生命教育则是指关于所有生物的生命的教育，它包括一切有生命的自然事物和社会事物，关爱自然、关爱未来、关爱发展，其中特别是有关人的生命的教育。学校的生命教育是指通过对中小学生进行生命的孕育、生命发展知识的教授，让他们对生命有一定的认识，对生命的珍惜和尊重，对他人和社会以及自然充满爱心，使他们获得在人格上的全面发展。

人生最重要的价值是什么呢？这就是生命的价值。生命是最高贵的，每个人只能有一次，生命是人从事一切活动的前提，社会的存在、发展都是以生命的个人存在为前提的，个人的创造、发明活动是以生命的存在为前提的。世界上所有的一切只是因为有了人的生命而显示其存在的意义，"生命只是一颗荷叶上的露珠"，因此，生命价值是一切价值中首要的价值，个人生命应该是人生关注的终极。培养对任何生物具有高度的尊重和爱惜的生命意识，他才会真正具有一颗热爱生命、热爱社会的健康心灵，才会真正理解生命存在的价值和生命存在应该发挥的价值，从而获得在人格上的全面发展。

生命教育的基本内容

（1）亲近自然，关注生命。

自然是人类起源和存在的唯一场所和唯一真心的伙伴，自然环境作为所有生命孕育和发展的母体，默默地无私奉献出她的一切，提供着生存和发展的物质和能量、审美的元素。自然界的动物、植物、山川、风景等，滋润着我们的生命、陶冶我们的心灵、愉悦着我们的身心，正如卢梭所说的，人生来就与自然有着息息相通的密切关系，对大自然怀着深沉的热爱。可长期以来我们的文化传统和教育观念中有多少是了解自然，关注自然，关爱自然的生命的，只要一提起自然界的动物、植物就联想到能否吃喝、利用，关注的是其经济价值，而没有关爱它们的生存环境、发展状况。

我们的学生常常以欣赏昆虫之间的厮杀，欣赏蚯蚓被踩成两截后的挣扎，欣赏受伤后的蝙蝠无助的颤抖为乐，表现出对生灵、生命的漠视和冷酷、麻木，没有一丝的怜悯、呵护、尊重，对生命存在价值的无知。例如北京某大学的大学生多次用硫酸伤熊事件等。我们的学生有几个是真心关心动物、植物、自然，有的只是以虐待为乐，没有体验到自然的生命，生命的伟大。对生命的尊重、对生命价值的尊重，最基本的就是尊重生命的存在，不要无端地剥夺生命，即使是非常低级的生命。这种人格上的"缺陷"，使得他们逐渐远离了对生命的热爱，又如何善待生命、自己、亲人、他人，以及自然吗？教育中必须加强对自然的了解，了解自然与人类的关系，改变我们传统的自然观、发展观、生命观。使得主体在与自然的实践关系中，能够不断意识到自身对自然的依赖性和自身的片面发展对自然的破坏性，从而能够自觉、能动地对自身的发展进行自我约束和控制，求得与自然的协调发展。

（2）实现价值，体验生命的乐趣。

人是万物之灵，人的出现是自然界、生物史上的一次最伟大的飞跃，实现了从动物到"人"的转变，人不同于自然界的其他动物就在于人有智慧、有头脑，会思考、会欣赏、会创造，人的独特性决定了人的伟大，人会在社会中，生活上不断地追求、不断地创造，用自己的双手、头脑、智慧创造出美好的生活、美好的世界。

人类在不断的发展自己的理性，净化自己的心性，提升自己的品

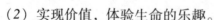

味，追求更高更远的奋斗目标，创造出了极其丰富的、多样的精神文化和物质文化，丰富了我们的精神生活和物质生活。同时人会在生活中、生产中发现人的伟大，体验人的存在的社会价值，人能够利用自然、改造自然、服务社会；得到社会的认可、社会的关爱、心灵的愉悦，不断地发展自己、完善自己。

虽然生活、社会永远是有缺憾的，但生命进取的力量就是在有缺憾的人生中追求完美，相信明天总比今天美好。所以在生命的教育过程中要充分肯定人的独特性，人的潜能，人的价值和体验，这是每一个人都可以实现的，寻找每一个真实的自我，努力实现自身的个人价值和社会价值，树立做人的自尊和自信心，并为这个目标而努力发展自己，关爱自己的生命。

（3）进行正确的生死观的教育。

假如生和死是我们的一双儿女，那么死一定会抱怨我们偏心，只管生不管死，一心一意都花在生上面。这就是说，生命只有一次，谁都惦记着生命，留恋着生命，干吗要随意结束自己生命呢？同时死亡是不可回避的，死亡是世界上最最平等的，也是很自然的生命现象。而长期以来我们在学校教育、家庭教育里一直以为与中小学生谈论这样的话题似乎太大，似乎太过于沉重，加上忌讳，对于死亡教育的问题，大多采取回避的态度或者闪烁其词的说法，只言生而不言死，很少会有人平静的给孩子讲死亡的问题，而这种做法恰恰导致了我们的学生拿生命当儿戏，视生命的重量何等的轻微，不知道死亡是不可体验和经历的，伤亡事件频频发生。

让学生懂得死亡是不可怕的，没有个体的死亡就没有人类的存在，个体的死亡保证了人类的延续性，人类的精神活动大都能从个体的死亡中找到源泉和动力。对于具有高等智能的人类来说，死亡这一现象所带来的远不仅是某一个体生命的结束，更重要的是，它使活着的人们产生了对永生无比强烈的渴望和活着人的价值意义的肯定以及人生价值的实现。我们强调生命和死亡的生命教育内容，目的就是让学生在对待生、死上有所认识，让他们明白生命的价值，活要活的充实，死要死的尊严，要尊重自己和他人的生命权，珍爱生命，以"生命为本"，强化自我保护，不要随便游戏人生，游戏生命，有的人重于泰山，有的人轻于鸿毛，人生在世要活的真精彩。

（4）追求生命美育的最高境界。

"黑夜给了我黑色的眼睛，我却用它寻找光明"，给许多对生活失去勇气和信心的人以生活的勇气和力量，揭示了生命的意识和真谛，体验到生命崇高的境界，生命美育的内涵，正如姚全兴先生所说的："它使人们对生命意识和生命状态的关注，对生命之力和生命之美的关注，对生命的艺术境界和哲学境界的认识，达到更高更新的层次。使我们的眼界也逐渐放大，人生世相越显得丰富华严。"

美感教育不是替有闲阶级增加一件奢侈，而是使人在丰富华丽的世界中随处吸收支持生命和推展生命的活力，通过生命美育的教育，让学生懂得生命本身就是美的，提升自己热爱生命的品味，使学生能够体悟人生乐趣的同时获得生命的"源头活水"，增加人的生命活力，让学生懂得自己的生命就是美的杰作，因而应该为自己拥有生命而自豪和骄傲。

我们每一个人虽然有不同的容貌、身材、地位、才智，但我们都是"人"，都是一个大写的"人"，一个顶天立地的"人"，每一个生命都是独一无二的，每一个生命都是绝对不可替代的，具有各人个性的神圣和尊严，共同组成了这个缤纷绚丽的、生机勃勃的世界。提升自己热爱生命的品味，就是要进一步让学生懂得生命的至高无上的美的价值，特别要悦纳自己、善待自己、善待他人、善待自然环境的品位和境界，享受生命成长的快乐，享受自然生态和社会人文的快乐，达到生命教育的最高境界。

转化观念实施生命教育

（1）探索生命教育的禁区。

观念的变革最为困难，正如英国著名的历史学家汤比因所讲的当一种文化接受另一种文化的影响时，它会使另一种文化转化为不同的光束：物质的、宗教的、制度的、精神的，其中物质层面变化最易，而精神层面变化最难。就此看来，在物质、制度尚未发生改变之前，观念的变革在一定意义上是十分困难的。但是，观念的变革又必须是先行的，否则，关于人的自身发展的教育就是一句空话。更新观念，探索生命教育的禁区，回避不是解决问题的办法，只有认识问题，解决问题才是根本，才能体现全新时代，以人为本，以人为中心的要求，促进人的健全发展。

（2）各学科共同强化渗透。

由于生命教育涉及内容的特殊性和广泛性，而目前聋校教育教学中又没有专门的教师、教材和时间，因此，在教育教学中我们就必须将生命教育的内容渗透到各科教学和学校的其他活动中，调动学校全体教师共同参与，充分利用学校的生命教育资源增强教育效果。每个学科都要从培养健全人的角度来组织和挖掘有关的内容，通过教学活动来实施，潜移默化地影响学生，比如"文科中的文学、哲学、道德表达的对生命价值的肯定，却没有成为教育的重点"；当然，也可以通过班、校会等进行生命教育的专题知识的讲座，加强学生对生命意义认识的指导，让学生知道保护生命是现代社会人的基本素质和权利，进行基本的生命保护能力的训练。

（3）让学生在体验中感受生命。

情感体验是感受生命教育的最好途径之一，生命教育的实践性极强，可以通过形式多样的课外活动掌握生命的知识，形成正确的生命态度、生命意识。将生命教育的内容真正地落实到实处，使学生在学习过程中，感受到生命的跳动，生命价值的升华，从心灵深处得到震撼，净化他们的灵魂，影响他们的一生，更好地服务自然、社会、人类。在具体的生命教育环境中得到体验，引导他们欣赏生命；种植自己喜欢的植物，饲养动物；了解生命孕育的过程，对生命终极的关怀；可以通过文学、美术、音乐等来欣赏和感悟生命的奥秘。让他们在感受生命美的同时，赞美生命，渐渐地养成一种"生命是可爱的、有价值的"观念。

总之，生命教育培养了学生生命的意识，塑造了学生健全的人格，对聋生更为重要，从而使他们更加珍惜生命，关爱生命，关爱自然，造福社会，造福人类。

2. 加强青少年环境道德教育的意义

环境道德教育是一种更宽阔的视野，教育和引导学生热爱自然、热爱环境、热爱生活，使学生能与自然环境、人文环境、社会环境相融合，把个人融于群体，使个性与共性和谐发展。因此，环境道德教育是现代学校德育教育的有机组成部分，是对现代学校德育的重要补充。

学生环境道德教育的紧迫性

（1）自然环境中的环境不道德行为。

由于缺乏人与自然和谐相处的理念，有些青少年学生在家中饲养各种野生动物，甚至捕捉野生动物为美食，或以折磨野生动物为乐；

有些青少年随意践踏草坪和破坏绿化。其实，这恰恰反映了这些青少年对生命的漠视和环境道德的缺失。

（2）社会环境中的环境不道德行为。

随着人民物质生活的水平日益提高，过度消费已成为一些经济发达地区的一种主导的生活方式。青少年学生是家庭中的宠儿，往往成为过度消费的"主力军"。例如，他们中有的因大吃大喝而营养过度；有的为追求时尚而过早过快地废弃尚能使用的物品；有的为了生活便利而追求"一次性用品"等。另外，时下的青少年学生在公共场所随地吐痰和乱扔口香糖残渣、废旧电池等现象也已司空见惯。

（3）社会大环境的影响。

目前，我国对环境保护虽很重视，但在单一经济利益的驱使下，环境意识还未真正深入每一个人心中，一些地方仍为污染项目大开"绿灯"；环境教育虽已在各层面铺开，但由于缺乏对环境道德的内化，其实效性和持久性极低；再者，长期的、传统的"人类中心主义"思想对青少年学生环境道德的影响也是不容忽视的。

（4）学校教育的重"知"轻"德"。

当前的升学考试使部分学校淡化了对学生的环境教育，不能将环境教育渗透到相关学科教学中，这是青少年环境道德缺失的另一个重要原因。试想：一个缺失环境道德的人要是走上社会，经商则可能惟利是图而选择假冒伪劣；办企业可能带来环境污染；务农则可能带来生态破坏；从政则可能为了"政绩"而盲目追求 GDP，并为此支付昂贵的生态成本、健康成本和人文成本。

环境道德教育是德育发展的必然

随着经济的发展，社会观念的不断变革，环境保护越来越成为衡量社会文明，包括人们思想道德水平的重要尺度，成为社会主义精神文明建设必不可少的重要内容。因此，传统的学校德育仅从人文和伦理角度对学生进行思想品德教育，就越来越暴露出它的局限性和滞后性。而环境道德教育又是一种生态教育活动，一种新的德育观，它要求教育者从人与自然相互依存、和睦相处的生态道德出发，引导学生为了人类的长远利益而更好地享用自然、享用生活，自觉养成爱护自然环境和保护生态系统的意识、思想觉悟和相应的道德文明行为习惯，使学生在思想上树立一种新的人生观、自然观和生存发展观，合理调节人与自然环境的关系。

实施环境道德教育的途径与方法

环境道德教育不是一蹴而就的，关键在于教师要有环境道德教育的责任感和紧迫感，要对学生进行长期的、经常的、具体的引导和教育，不仅要依靠班主任工作的强有力的推动，也要依靠各学科教师的全方位教学渗透，循序渐进，逐步培养学生的环境道德观念。其主要实施途径有：

（1）发挥班会课的主阵地作用。

班会课是班主任对学生进行思想品德教育的主课堂，是学校德育教育的主阵地。我们可充分利用班会课，大力宣传环境道德观，培养学生环境道德意识。如在日常的班主任工作中，根据实际情况组织学生召开"人与鸟类"、"我与环境"、"和谐师生共同追求的校园文化环境"等主题班、团、队会活动，加强对学生的环境道德教育。

（2）学科教学渗透环境道德教育。

基础教育德育为先，任何一个任课教师在传授知识的同时，都有责任、有义务对学生进行德育教育，而德育中的环境道德观与各学科都有密切的联系。为此，在日常学科教学中，有机结合教学的实际内容渗透环境道德教育，培养学生对环境友好的道德情感。

（3）课外活动进行环境道德教育。

学生对知识的获取不仅仅局限于课堂，丰富多彩的课外活动也是学生陶冶情操、获取知识、培养情感、施展才华的重要途径。因此，我每年结合爱鸟周、植树节、世界环境日、卫生大扫除、文体活动等重要环保节日和具体活动内容，及时巧妙地对学生进行环境道德教育，把理性的环境道德直观化、感性化，使学生在具体的活动事例中认识人与自然环境、人与社会环境和谐发展的重要性，促使学生环境道德观念的形成。

如：充分利用身边的环境资源优势，组织学生开展"崇明湿地小使者行动"、"崇明东滩鸟类自然保护区的调查宣传活动"等，把理性的环境道德教育与具体的实践活动融于一体，在生动的活动课堂中内化学生的环境道德意识与行为，同时这也是带动社区公民环境道德建设的重要途径。

（4）加强班级的环境文化建设。

学生的学习生活大部分在校园度过，"也许对于儿童来说，最好的也是最全面的进行环境教育的资源就是他们的学校，他们的建筑物和他们的操场。"而其中的班级文化建设显得尤为重要。整洁美丽的教室对学生人格完善有着潜移默化的影响，对学生环境道德观念的形成起着催化作用，是学校开展环境道德教育的一种潜在而有效的方式。对此，我组织学生开展"我为教室添点绿"、"班级美化大行动"等活动，通过这些教室文化环境建设，培养学生良好的环境道德意识和情感。

（5）利用家庭、社区资源进行环境道德教育。

环境道德教育又是一个开放性的系统，充分利用家庭、社区环境资源对学生进行教育，同样也是学校环境道德教育的一条有效途径。

比如，组织班级与社区居委会建立良好共建关系，结合少先队"假日雏鹰小队"活动，经常组织"绿色小卫士"参与社区的环保实践活动；倡导学生与家长一起研究生态环境问题，崇尚"绿色消费"，共建"绿色家庭"，树立并宣传节俭生活的家庭典型等。

当然，提高青少年学生环境道德教育的实效性，除了丰富的实施途径外，还必须不断改进教育教学方法。要改变传统说教式、讲大道理的灌输式教育，积极寻求环境道德教育的崭新载体，采用接触式、对比式、实验式等新型教育方法，加大受教育者的参与和渗透力度。通过亲身体验、现实参与等方式，激发学生对美好环境的渴求和日益严重的环境污染的深恶痛绝，变"要我做"为"我要做"，增强保护环境的自觉性。

环境道德教育的实践反思

如何使学校的环境道德教育更有效，关键要看学生的环境道德水准的提高和在环境科学实践活动中主动性的发挥，其难点在于学生对环境道德的内化。而环境道德教育的终极目标是使学生树立正确的环境价值观，并最终转化为学生自觉的环境行为。

在日常教育工作中，应充分利用身边的环境教育资源，设计一些具体的、适合中学生参与的道德行为训练活动方案，学生在参与这些亲身体验的、交往性的活动中，通过自我的感化教育，增强自我的环境道德意识，教师必须树立学生是主体的意识。因为，环境道德教育的过程同时也伴随着一个自我感化教育的过程，这种自我感化教育，就充分反映了学生的主体性，而学生主体意识的形成与否，将直接关系到完善学生未来人格的形成。

3. 培养学生爱护环境的良好习惯

我们的教育对象是天真烂漫的学生，而学生具有好胜、好夸、喜欢被表扬等特点，因此教师在教育时宜随机应变，灵活多样，让学生在表扬声中乐意地接受教育。

让学生树立小主人意识

（1）做个微笑小主人。

在学校见到老师、同学，要主动问好，同时报以微笑，见到学校的保安人员、清洁工人、园艺师傅也要投以微笑。在得到别人的帮助时，要微笑着向别人致谢；在别人不小心冒犯了你时，要用微笑表示谅解；课堂上，听到同学精彩的发言，要用微笑表示你的钦佩，就这样，鼓励学生用真诚的微笑、发自内心的微笑，表示自己是一个开朗、宽容、关爱、友善的小主人。

（2）做个爱心小天使。

当同学没有笔的时候，你悄悄地递给他一支；当同学不舒服的时候，你为他端来一杯热开水；当同学学习遇到难题时，你慷慨地告诉他你的方法，让学生通过自己的一言一行、一举一动，真诚地把爱心传递。

（3）做个环保小卫士。

爱护每一棵小树苗、每一棵小草、每一朵小花，让它们天天以笑脸伴随我们成长；把每个水龙头拧得实实的，不浪费一滴水；每月刷洗一次书包，背上干干净净的书包，带给自己一个好心情，学生会在不知不觉中，成为环保小卫士。

（4）做个文明小标兵。

做文明小标兵，首先是文明语言不能忘，凡事先让小同学。当同学有谩骂等不文明行为时，要提醒、劝阻；上下楼梯要有秩序，不拥不抢；观看比赛或演出要有秩序，要鼓掌致谢，喝彩加油，让学生知道，文明习惯要从小养成。

发挥榜样的力量

通过每周国旗下的讲话，以及学校大队部主题队会、中队主题队会、故事比赛、演讲比赛、手抄报比赛、宣传专栏等形式，让学生了解更多关于良好习惯的典型故事，受到榜样的影响和启迪。

加强个别教育

著名教育家陈鹤琴主张在儿童习惯的养成中应多鼓励。他说："一切的一切，你要用鼓励的方法来控制儿童的行为，来督促儿童的求学。消极的制裁不会发生多大的效果的，有时候反而容易引起他的反感。"

《陶行知与三颗糖的故事》，直到今天，都值得我们借鉴和学习。陶行知当校长的时候，有一天在校园里巡视，看到一个男学生在用泥块扔另一个学生。陶行知马上制止了这个学生的行为，并叫他在放学后到校长办公室去。当天放学后，陶行知迟了几分钟去办公室，看到这个学生已经在办公室门口等他。陶行知从口袋里掏出一块糖给这个学生，说："这是奖给你的。"学生感到不解，陶行知解释说："因为你是个遵守时间的人。"说完又把第二块糖给学生，说："这也是奖给你的。因为当你用泥块扔同学的时候，我叫你住手，你就住手了，这说明你是尊重老师的。"学生接过糖，陶行知又掏出第三块糖，说："这是奖励给你的第三块糖。因为你是个有正义感的学生，我已经调查过了，你之所以扔同学，是因为你看到那个同学在欺负女同学，你看不惯才会扔他的。可见你是个见义勇为，敢于同坏人作斗争的人。"学生听到陶行知这样说，很不好意思地说："校长，但是我扔的不是坏人，是我自己的同学。虽然他欺负同学不对，但是我也不应该扔他。"陶行知听到他这么说，笑着说："好了，我们今天的谈话结束了，你可以回去了。"

持之以恒，坚持到底

（1）时间上的坚持。

根据科学家的研究，一个好习惯的养成要坚持 21 天时间。笔者所在的学校要求教师至少坚持一个月培养学生的良好习惯，而且持之以恒。

（2）鼓励学生坚持自我反思。

要求学生每天对自己的生活习惯，特别是校园生活习惯进行反思，在反思中不断改掉坏习惯，形成良好习惯。

（3）坚持家校合作。

学生良好生活习惯的形成是学校与家长共同的责任，教师和家长在以下方面应达成共识：要用积极的眼光看待孩子，赏识他们的长处；能放手的时候尽量放手，多给孩子一些锻炼的机会；要尊重孩子合理的选择，让孩子有独立的思想；强调做事的结果，使孩子养成凡事要么不做，要做就要做得认真、做得出色、做得卓越的自我要求。

4. 对学生渗透绿色环保教育的方法

环境问题是当今世界各国面临的重大问题，保护环境，实现"可持续发展"成为当今世界的时代潮流。尽管国家提出了"创建节约型社会"、"保护环境，从我做起"等一系列口号，但我国目前国民的环境意识淡薄，尚未能对环境状况作出相应的警觉。

让学生了解环保的重要性

环保教育要从娃娃抓起让学生了解环境保护的重要性，迫切性。要想对学生进行环境保护教育，要让学生产生保护环境的意识。只有让学生了解人类生存环境的现状，知道环境保护教育的重要性和迫切性，才能从心理上产生保护环境的意识。根据小学生的年龄特点，长篇大论的空洞说教收效甚微，只有直观形象才能给学生留下深刻的印象。

利用课堂教育学生保护环境，课堂是教育的阵地，我们应该充分利用这个阵地，在学科教学中对学生渗透环境保护意识。晨会课、班队课、思想品德课以及我们的语文、数学等课上都可以利用教材进行环境保护教育。课堂进行环境教育并不要占太多时间，一节课只需渗透几分钟，以至两三句话，日积月累就能收到滴水穿石之功。只是如何巧妙"渗透"，费时在备课，需要细水长流。我们老师要见缝插针，学校用一切条件，对学生进行环境保护教育。应开展保护环境，从我做起，丰富多彩的课外活动，能够让学生在体验中增强观察能力、动手能力、交流合作能力和探索创新能力。

如果以环保为主题开展活动，环保意识一定会深入人心，环保教育一定会收到更好的成效。比如，我们让学生自编以"保护环境"为主体的手抄报、黑板报、墙报、自建宣传栏，学生可以自己搜集并整理一些人类保护环境、破坏环境的做法、故事等，可以自己创作抨击人类破坏环境的行为、展望环境治理光明前景的文章、漫画等。学生在搜集资料、写文画图的过程中，心灵会受到震撼。当孩子们将自己的手抄报展示出来时，在相互交流的过程中，他们学到的环境知识将得到扩展、补充，环保意识得到增强。

环境是人类赖以生存和发展的客观条件。环境的优劣，关系到人类生活质量的高低。环境教育是社会的一项系统工程，是社会主义精神文明建设的一项重要内容，关系着经济的发展关系着人民的健康。

引导学生的绿色参与意识

绿色教育，是创建绿色学校的伴生物，也是环境教育发展阶段的新事物、新概念。全球生态危机引发的地球上"绿色"的加速消失，已经促使人类文化的"绿色"转向。绿色，是文明的象征，是生命的希望，是一种完美的时尚。走"清洁生产"之路，在消费领域，社会倡导"无公害"物品，鼓励"绿色"消费；在教育领域，国家支持"绿色教育"，创建绿色学校。所以，绿色教育是环境教育的现代发展

学生，是学校的主人，祖国的未来。学校的一切工作，都是围绕一个中心，培养我们伟大事业的接班人。因此，创建"绿色学校"的各种活动，应当只有一个主题，就是提高学生的环境意识，提高学生的综合素质。所以在教学方式上，要通过教师的教学活动，引导学生的参与意识。

要鼓励和指导学生切实掌握各教材所规定的环境保护内容，巩固基础知识。要组织开展培训、讲座、主题班会等多种形式的环境教育活动，丰富环保知识。要鼓励和帮助学生在校园内成立环保小组，组织环保科技活动小组利用活动课开展日常活动。

要结合学校和师生的实际情况，开展多种形式和内容的社会环保活动，力所能及地参与环境保护公益活动，为环保做好事、办事实、从现在做起、从自己做起，从身边做起，切实提高学生的参与意识。

优化校园推进硬件建设

学校的校园环境，是最生动和形象的绿色教材。在注重"绿色教育"教学活动的同时，应当优化校园环境，以校园环境育人。校园要有一个合理的规划布局，具备环境教育必要的场地和设备，满足创建活动的需要，要搞好校园的植树种花，提高绿化覆盖率，用环保理念美化、绿化校园。要有效控制学校的多种污染源，开展节水，节电等节约资源的活动，提高废弃物回收利用率，保持环境整洁，厕所干净，餐厅卫生，校园净化，体现学校活动全过程中清洁理念。

环境人类生存与发展的需要

环境，赋予人类以生命，并提供衣食住行的来源。但是在今天，人类活动造成的对环境的破坏已经危及人类自身的生存与发展，诸如大气污染、臭氧层破坏、资源枯竭、森林锐减、人口爆炸、水污染、土地沙漠化、水土流失、动植物种的急剧泯灭等等，这些都迫使人们开始检讨我们在地球上的生活与生存方式，其原因是多方面的：政治的、经济的、制度的、自然的、文化的、人口的等，但根本的原因乃是教育制约的。由于教育普及的滞后、教育内容的局限、教育为经济和社会发展服务功能的弱化，致使全社会的科学的世界观、自然观、环境观都比较淡薄，从这个意义上说，环境问题首先是一个教育问题，因此，加强环境教育已成为我国经济和社会可持续发展的必由之路。

随着生活水平的提高，经济的快速增长，环境问题日益突出，只有通过环境教育，才能使青少年一代深刻认识本地的环境状况，才能使他们知道为什么要去关心爱护大自然，怎样去建设与创造人类美好的家园。

环境教育的核心是培养学生的创新精神，环境教育不同于学科教育和传统教育，无论在教育理念还是教学组织形式、教学内容、教学方法等方面都有独到的创新之处，利于培养学生的创新思维和实践能力。在整个教育事业转向强调素质教育、完人教育、道德教育、人文精神教育、终生教育的社会背景下，环境教育就有了一个很好的人文环境，从而培养学生成为既懂得先进的科学技术管理知识，又懂得协调人与人，人与自然关系，从而能够控制科技经济的发展，使之不破坏人类生存的环境。因此，环境教育是素质教育的重要组成部分，学生成长的需要。

构建生态化的校园环境

"构建生态化、人文化"的校园环境，使校园成为学生童年时代接触自然、触摸生命的一扇窗户，成为教师实践教育理想的另一基地，同时深厚校园文化内涵，凸现办学特色。通过课题的实施，在校通过一系列丰富多彩的"绿色"教育活动，培养学生的环保意识和习惯、动手操作和实践能力、敢于提出问题的探索精神和创新精神，提高学生的综合素质，帮助学生形成健全人格。

提高学生的环保意识，端正环保态度，提高环保能力，正确选择个人生活方式和积极参与爱护地球的社会活动，促进学生思想修养的提高，将学生的环境道德认识转化为环境道德行为，进而养成环境道德习惯，内化为潜意识，形成环境道德品质。促进学生全面素质的提高，他们不仅学会关注社会问题，而且能够以"小我"之力去解决问题，实现了环境教育"放眼全球，始于足下"的理想。

引导学生从小做起，从小事做起，养成良好的行为习惯，有利于学生形成正确的环保态度和价值观念。从关心动植物，到关心自然环境，直至关心全人类的生存和发展。通过"关心环境"的教育，引导学生将书本上得到的知识转化为能力，有利于促进学生的智能发展。通过"关心环境"的教育，促进自身的健康成长，引导学生把自我与社会，自我与自然连结在一起，有利于形成自我保健的社会责任感和使命感，使它成为我校环保教育的一个亮点，使我们的校园文化更有魅力。保护环境，人人有责，拯救地球的事业就在人们的生活细节中。

全校师生要从自我做起，从一点一滴做起，从身边的小事做起，积极为环境保护做实事，使我们周围绿树常青、碧水长流、生物资源可持续利用，促进人与自然的真正和谐。对学生渗透必要可行的环境教育，在少年儿童的心灵中播下环境保护的种子，使其终身受益，为培养有良好环保意识的公民奠定基础，使每个学生知道人类只有一个地球，让我们一起来关心与共享。

5. 学生生态环境意识教育的方法

当今世界环境问题日益严重，已成为困扰人类的主要问题之一，面对日益严重的环境问题，学校教育肩负着义不容辞的责任。环境意识教育应贯穿于教学的始终，特别是与之关系最为密切的生物学。生物学教学的过程中，时时处处都会涉及到环境意识的内容。所以，在生物学教学中利用教材中有关环境意识的内容进行环境意识的培养，是培养中学生环境意识情感和行为，使其具有关心人类、认识自然、节约资源、保护环境理念最为有效的途径。

课堂教学中结合教材内容

如在进行"细胞中的水"的教学时，在讲解细胞中水的存在形式及作用后，可在学生明确"生命活动离不开水"的基础上引导学生关注我国水资源的短缺现状。那"黄河之水天上来，奔流到海不复回"的景象，在每年的春秋也变成了遥不可及的梦。增添此内容，可以加深学生对我国水资源短缺问题的了解，唤起他们对浪费水资源的忧患意识，培养其节约用水、科学用水的良好习惯和珍惜水资源的生态理念。

如在讲到"细胞癌变"时，特别强调了致癌因子与环境污染关系，"在阿根廷首都布宜诺斯艾利斯召开的第十二届国际癌症大会上，许多学者根据大量的调查研究成果，比较一致地强调了环境与癌症的关系，并提出了癌症可能是由于环境因素引起"的观点。中国科学院在首届环境与发展中国论坛上提交的关于我国环境与健康的研究报告显示，在癌症、心脑血管疾病、糖尿病等高危病种的发病因素中。激励出学生对生命的热爱，唤醒学生心灵深处对生命的尊重和珍惜，培养学生良好的行为习惯及保护环境的生态意识。

生物进化论不仅是生物学中具有重要地位的基础理论，也是对人们自然观和世界观有着重要影响的理论。现代生物进化理论林林总总，其中为大多数人普遍接受的是以自然选择学说为核心的综合进化理论，它较为深入的揭示了生物繁衍过程中物种形成和更替的原理，指出生物进化的实质是种群基因库在环境的选择作用下的定向改变，反映出生物与环境在大时空尺度下的发展变化和对立统一。此内容的学习可增强学生爱护动植物、保护自然的生态意识，进而培养青少年健康的生态理念。

在讲到生态系统时，更是用整章篇幅系统地诠释了有关生态的知识，如讲生态系统的稳定性，渗透了人与自然协调发展的思想，强调了尊重自然规律、倡导生态文明的新理念；在讲生态农业时，提出了低投入高产出的科学价值观，注重人类珍惜和保护资源、减少环境污染的科学素养。

开展生态危机意识的教育

经常请一些专家、学者到学校作一些专题报告，比如，我国水资源现状、珊瑚礁保护、红树林的保护现状、海南石灰岩生境物种多样性及现状、野生动植物保护现状、生态入侵与生物防治、转基因作物的安全问题，就可以通过这种形式，让学生知道并了解。

让学生通过电视、报刊、因特网等媒介了解生态问题的时事报道，从而激起学生对生态问题的关注，加强他们的生态危机意识。

组织鼓励学生观看有关生态环境的电影、录像及电视节目，如《美丽的三亚》《可可西里》《人与社会》《绿色空间》《人与自然》《动物世界》等，让学生真切的感受到自然的美丽及其面临的危机，让学生明白人与自然和谐发展的重要，从而激发学生对自然的热爱和保护环境的责任感。

开展一些小型多样的知识会、知识竞赛、演讲会的活动，制作有关的展板，加强生态环境的宣传和教育。

生活习惯是人们在日程行为中表现出来的不自觉的行为动作。中学生的许多生活习惯具有不稳定性，容易改变。根据中学生的生理特征和心理特点，纠正他们的一些不良生活习惯，是培养中学生生态意识的贴切素材。遇到学生随地吐痰、践踏草坪、折断树枝、毁坏花草、乱丢纸屑塑料袋等破坏生态环境的不良行为，老师应及时纠正其不良习惯，向其传授生态知识，灌输生态理念，让其认识到生态环境的重要性，从而养成"爱护生态环境、保护生态环境"的良好习惯。

最后，教育决策部门和教育管理者应重视并实施生态危机意识的教育。只有教育决策部门和教育管理者重视生态危机意识的教育，才能真正把这种生态危机意识的教育落到实处，才能真正有效地起到作用。

对学生进行生态环境危机的教育，就是要转变学生的思想观念，树立新型的自然观。要让学生们清楚地认识到：人也是一种动物，是自然过程的一部分，是地球进化运动的产物。从生物种群的角度看，人与其他生物之间是完全平等的，任何生命都具有同样的尊严和同样的价值。人与自然之间应当是和谐平等的关系，而不应当是掠夺和被掠夺的关系，更不应当是征服与被征服的关系。自然环境与人类的命运息息相关。人类必须重新审视人与自然之间的关系，必须转变观念，尊重自然，保护自然，惟有此举，才能拯救地球，才能继续人类的自身发展。

6. 学生生态文化教育的途径与方式

从当前学校生态教育的实际情况来看，普遍存在教育方法过于简单、粗放，理性说教多、情感体验少的弊端，大多还是停留在零星认知生态知识的层面上。因此出现了学生只会喊生态保护口号，而较少正确的生态保护行为。

通过研究，探索出一系列适应时代需求、符合学生年龄特征且具有可操作性的方式与途径，指导学生生态教育活动的实践。

了解生存现状，宣传生态形势

当前我国生态环境污染问题，有许多并不单纯是科学问题，而是观念、意识问题，正是人类自己在不知不觉中扮演着"环境杀手"的角色。为提高学生的环保意识，教师应该首先动员学生搜集发生在身边的污染实例。如"白色垃圾"、"过度施用化肥"、"焚烧秸秆"等，还可以组织学生观看有关我国国情方面的影视片，通过网络收集环保图片和资料，并加以宣讲，以加强学生对生态环境逐渐恶化的危机感，使学生认识到目前环境所面临的主要威胁和保护环境的重要意义和必要性。

渗透学科教学，普及生态知识

在学科渗透方面，教师认真钻研教材，在各科教学中有意、有机、有效地进行生态保护知识的渗透，做到自然贴切，不牵强附会，不图形式，注重实效。如通过讲解《常见动物》、《常见植物》等课程，让学生懂得每一种动植物都需要有一定的生存环境。保护好环境，动植物才能生存并长得更好，应当爱护花草树木，保护动物。在音乐课上，可教唱如《夜晚多美好》等歌曲，让学生在学唱中意识到好的环境能让生活更加美好。语文教师可适当多选择一些环保主题较突出的课文进行讲读，如《天鹅的故事》、《碧螺春》、《灰椋鸟》、《访问环保专家方博士》等等。

校正自身行为，加强生态素养

教育者必先受教育，假如教师没有较高的生态素养，也就没有学生生态素养的提高。众所周知，学生对教师有着很强的崇拜心理，"教师是学生心目中最完善的偶像"。同时，学生又有着很强的模仿性，喜欢模仿教师的一言一行、一举一动，从模仿教师的活动中不知不觉地接受教师的影响。如果教师讲的是一套、做的又是一套，则教育效果必然要大打折扣。如教师在讲课过程中有时需要做实验，而实验一般都存在产生如废气、废液等废物的问题，有的教师一方面告诉学生这一实验会产生哪些废物，会对环境造成怎样的污染；另一方面又贪图省事，将产生的废物乱倒乱丢，这样导致的后果，必然是学生难以形成保护生态的良好行为和习惯。因此教师不但要严格要求学生保护生态，更重要的是要以身示范，为学生做出表率。

加强教育培养，与日常行为紧密结合

要培养学生的生态素养，学校的生态教育应重视和小学生日常行为规范有机结合，这是加强生态素养培养的重要措施和主要手段。

结合《中小学生守则》，学校应要求学生做到不随地吐痰；离室随手关电灯、电扇、门窗，不损坏公物；不攀折校园内花草树木；绿化校园、美化校园；不随手扔杂物，主动捡拾垃圾；减少噪音，养成文明说话、文明走路的习惯；提倡节约，反对浪费，学校又进一步制定出"小学生生态保护守则"，做到人手一册，由教师负责组织学生学习。学校在构建生态文化公园过程中，为了让我们的校园更美，要求学生从身边做起，从细节做起，从小事做起，从一草一木做起。

以活动为载体，提高生态意识

少先队活动是促进队员全面发展的重要途径和方法。重视生态教育就必须要与少先队活动紧密结合起来，每逢"爱鸟周"、"地球日"、"无烟日"、"节水日"、"植树节"等与环保主题有关的节日，可组织学生开展多种活动。贯彻落实好《环境保护法》、《土地管理法》、《水

污染防治法》等相关法律法规，并根据每年世界环境日的主题开展宣传教育活动。

学校就利用少先队活动结合学校特点和现有资源开展了一系列"学做生态人"活动。

低年级组织队员走出课堂，走出校园，走进大自然，体验大自然之美；鼓励小朋友种植植物，观察、饲养小动物，加深对大自然的了解；举行"春天来了"、"我爱大自然"绘画比赛，增加他们对自然的热爱。

中年级组织队员走进社区，举办"争做环保人"中队主题队会；组织环保小队走进自然，走进社区，亲身实践并为环境保护做宣传活动；举行"畅想绿色未来"绘画、演讲比赛。

高年级各中队成立小课题研究组进行环境调查、研究，总结经验，寻找解决问题的途径。学校各个中队在辅导员老师的辅导下，提出了"让灌渠的水变清澈"、"这里的天空灰蒙蒙"、"街道垃圾箱的命运"等小课题，队员们通过观察、调查等实践活动进行研究，提高了环保技能，加强了环保意识。

结合少先队"雏鹰争章达标"和"新世纪我能行"活动，要求学生收集十个环保"为什么"，并对美化校园提一条广告用语等等。学生积极性十分高涨，在活动中也体会到了"我能行"，增强了开展环保行动的自信。

开展"废旧物品超市"活动。由学校少先大队统一安排，定期轮流由各中队举办废旧物品买卖活动。活动时，由主办中队将自己募捐的废旧物品以超市商品的方式陈列，并标上价格，其他中队的队员自由选择购买，真正做到了变废为"宝"。队员通过买卖废旧物品，不仅认识到了什么叫"废物再利用"，同时也形成了初步的生态意识。

学校还充分利用每年的春秋游活动，有计划地作好安排，使其成为培养学生生态素养的重要载体。可组织学生到公园认识花草树木，寻找春天的脚步；去野外考察鸟类的生存环境；组织生态夏令营，让学生接触大自然，了解大自然。

学校还通过黑板报、校广播站、校电视台，设置有关环境保护的栏目。组织学生画环保漫画，开展环保故事比赛、环保手抄报比赛、环保黑板报比赛、环保知识竞赛等活动，培养学生学习、分析、研究环境问题的能力和参加环保活动的技能。

辨析生态美丑，创设花园式生态环境

在生态教育中，我们强调环境美，因为环境有育人功能，环境美蕴藏着无形的教育力量。我们还努力创设"文明、整洁、和谐、清新"的校园文化环境，激发学生对校园的热爱，对校园生活的向往，产生爱上学、乐读书的心理效应。在各个教室里，还建立科技园地、学习园地、荣誉栏等板块，做到班级生态文化建设有特色。

学校还追求花园式的生态校园，让园林化的绿色校园，成为学生认识自然、了解自然的直观大课堂。学校在极力打造学校的生态公园过程中，除了常规的物化公园外，还讲究文化公园，开展一系列教育活动：我为公园当导游、为公园设计广告词、公园小游戏、公园颂歌等，力求让学生学在公园、乐在公园、趣在公园。使校园环境孕育美感，形成环境优美、精神文明的氛围，产生"润物细无声"的美的感召力。

拓展社区活动，建设生态文明

教育需要延伸，生态教育同样也需要延伸，让生态教育从校内扩展到社区，结合社区资源和地方优势共同培育学生的生态意识和生态素养。如学校曾以"谈谈街道的卫生"、"哭泣的家乡小河"为主题组

织学生开展环境问题的广泛社会调查。我们带领学生走上街道、走进小区，设点宣传环保知识。又结合"学雷锋做好事"活动，创建好红领巾文化一条街活动，坚持值勤中队的晨扫和各中队每天轮流打扫。

科研指引教育，研究提升品位

少先队员们以生态文化为主题，开展绿色小演讲、小诗文诵读、小课题研究、小游戏开发等丰富多彩的生态文化实践教育活动，不断获得真切感受，明白生态哲理，培养生态意识。把课题研究的设计思路转移到具体行动上来，为政府、环保部门建立健全法规、政策及技术标准体系提供了理论依据。

通过学生态教育活动的途径与方式的实施，不仅帮助学生了解本地生态问题，引导学生关心身边的小生态环境，同时又让学生参与设计，参与研究，参与讨论，参与实践，学会欣赏自然、认识自然环境的规律和价值，懂得了与自然为友、同自然环境和谐发展的理念，使队员们树立了正确的生态观，懂得了要做生态人。培养了队员自我教育、自我管理能力和创新能力，提高了辅导员和队员的科研水平。从整体上提高了学生的生态素养。

7. 学校节能减排教育的途径和方法

增强节能意识，保护我们的家园，是每一人义不容辞的责任。教育学生从我做起、从现在做起、从点滴做起，积极加入到节能减排的行列中来，具有深远而重大的意义。

充分认识到节能减排的重要意义

节能减排不仅是一种生活方式，更是未来可持续发展的需要。通过开展节能减排活动，要使学生认识到节能减排与爱护环境、保护资源、维持生态平衡的紧密联系，理解节能减排是和谐、可持续发展的一种重要体现形式，进而产生节能减排的紧迫感和责任感，在学习、生活中树立节能减排观念、积极参与节能减排行动、进行节能减排宣传，营造出人人关心节能减排、人人参与节能减排、争做节能标兵、减排楷模的浓厚氛围。

明白在节能减排活动能做什么

学生开展节能减排活动，并不是做轰轰烈烈的大事，而是要落实到生活学习的细节中。如：节约每一张纸、每一滴水、每一度电、每一粒米；不使用一次性塑料制品，对校园垃圾进行回收处理；学习掌握一些常用节能环保小窍门；严禁焚烧杂物，减少有害气体的排放；推广教科书的循环使用，鼓励废物利用；使用无磷洗衣粉，拒绝过度包装，注意一水多用；不乱丢、乱倒垃圾，主动弯腰捡起地上的垃圾；随手关闭水龙头和电器开关；积极主动宣传、传播节能环保知识，争当节能标兵、环保卫士、宣传能手等。

节能减排教育渗透到课堂教学中

将节能减排教育与教育教学工作结合起来，将节能环保知识教育与学科教学结合起来，在校本课程中适当增加节能环保内容，在教学中有意识、有计划、有步骤地运用"融合"、"实践"、"引申"、"扩展"、"补充"等方法，把节能减排的理念渗透于学科教学的各个环节。通过课堂教学让学生了解我们身边的现状，认识到我们保护环境的重要性，明白"节能"就是减少能源的浪费，"减排"就是降低废弃物的排放，作为学生要掌握节能减排知识，积极参与节能环保行动，在减少家庭、减少自己身边能源浪费方面有所行动，在宣传降低废弃物、废水排放的方面有所作为。

开展节能减排专题教育活动

利用校内媒体，积极宣传学校节能减排的经验和做法。如广播室每周安排一次节能减排内容，班级每学期办一期节能减排黑板报，电教室每月为学生播放一期节能减排科教片，图书室进一批节能减排读物，方便学生借阅，从而营造出节能减排的浓厚氛围，使节能减排成为学生的自觉行动。

组织开展节能减排知识手抄报和节能减排征文评比、征集节能减排宣传标语、校园节能减排建议等活动，让学生自己动手，搜集有关节能减排知识，从而使节能减排意识入脑入心。

开展节能减排金点子大搜索行动，让学生通过对生活的观察，找出有违节能减排要求的现象，为节能减排出主意、想办法，从而增强节能减排意识、养成节能减排好习惯。

在社会实践活动中培养学生节能减排意识。如组织学生利用双休日到公园、广场等地进行环保活动，并向游客进行节能减排知识宣传。通过此类实践活动，让学生走向社会，推动全民节能，增强社会责任感。

开展"循环使用教科书"和"校服传递"活动，使学生认识到在节能减排活动中，虽然还不能做什么惊天动地的大事，但是把自己用过的课本、课外书、穿小的校服送给农村低年级同学，使书籍和校服能够最大限度利用，既是对节能减排做出了贡献，更是"节能减排、持续发展"精神的传递。

成立节能减排小分队，设立用电、用水监督员，做好教室照明、多媒体、电扇、空调使用的监管工作，监督本班用电、用水情况，做到人走灯灭，不玩水，洗手后及时关掉水龙头，杜绝常明灯、常流水现象。

开展"小手拉大手，节能减排靠大家"活动。通过学生向家长宣传节能减排的知识和生活中许多节约小窍门，如淘米水的利用、旧袜子巧变拖把等，使一个学生带动一个家庭，无数个家庭带动整个社会，共同参与到节能减排中来，真正做到了"节能减排，全民行动"。

一滴滴水能汇合成大海，一棵棵树能成长为森林！希望每一名学生都能行动起来，从自己做起、从点滴着手、从现在做起、从身边做起，积极参与节能减排，认真开始低碳生活，为创建节约型校园、节约型社会，为实现国家的节能减排目标做出自己积极的贡献。

8. 环境教育在自然学科中的渗透

环境教育是整个国家教育事业的一个重要组成部分，因此环境教育不仅是环境保护事业的重要组成部分，而且也是教育事业的一个重要组成部分。让青少年儿童学习社会科学、自然科学的同时，就受到环境教育，是提高未来公民素质的重要内容，是面向未来的事业。

环境教育的目的之一是使人们能够自觉地从保护环境的角度修正自己的行为，在这一过程中，渗透式教育的作用是不容忽视的，这种方式可以潜移默化地深入学生的内心世界，正是所谓"润物细无声"。

对于青少年来说，也许这种渗透的方式更容易接受，对学生的影响也更深入。自然课作为一门科学的启蒙教育课程，涉及到很多的环境教育的内容，如《保持水土》、《洪水的形成》、《空气和我》、《水的净化》等。如何在自然课中渗透环境教育，把枯燥的说教变成"润物细无声"的"春雨"，滋润每个学生的心田呢？

环境布置应充满自然气

美好、清新的环境会带给我们愉悦和轻松，环境对人的心情、行为都有很大的影响，且有科学家进行过深入的研究。为给学生创设一个良好的学习环境知识，了解环境现状的情境，可以利用自然教室的多余空间放置一些标本、实物；在自然教室的墙壁上张贴或绘制环保宣传的图画，自然界环境现状的图片、环境被破坏的报道、新闻，出自学生之手的作品虽然稚嫩，却最能体现他们对自然的热爱和关注；在自然教室还可以布置生物角，放置花卉盆景，养殖金鱼，为学生营造一个充满自然气息的教学环境，在这样的环境中学习，学生的环保意识被悄悄的培养，正是这种潜移默化的渗透，在对学生进行教育，让他们认识到环境之美，环境之可爱，激发对环境的热爱之情。

学科内容渗透环境教育

自然课作为一门科学的启蒙课程，有很多内容与环境有关，比如：《空气与我》、《水在自然界的循环》、《水的净化》、《食物链》等，这些内容虽然没有大篇幅地对学生进行环境教育，但是我们可以利用这些内容将环境教育渗透其中。那么，怎样将课堂教育与环境渗透相结合，将环境教育渗透其中呢？

（1）课前了解。

在开始正式的上课内容之前，让学生了解本课内容的环境背景，既有利于学生掌握本课内容的思想精髓，更是对学生进行环境教育的大好机会。例如，在学习《水的净化》之前，先给学生看一些反映家乡水质污染的图片，并让同学们说说你家附近的河流、湖泊受污染的情况，让学生了解水质污染的客观现状，激发学生对水进行净化的迫切心情，从而更好地学习本课内容，也同时在课前接受了一次实实在在的环境教育。

（2）课中渗透。

课堂教学是学生学习环保知识的重要阵地，通过课堂教学，让学生认识大自然各种生物后，知道自然环境中的各种生物是相互依存共同发展的，从而自觉地去保护共同拥有的生存空间，达到提高学生的环保意识的目的。

在课堂上让学生参与环保活动的形式很多，归结起来主要有：

①进行信息报告会、交流会。

收集科学信息资料是学生学会自主学习、拓展知识进行判断、推理、论证的学习过程和方式，而把收集来的信息以发布会、报告会、交流会的形式进行展示，是给学生提供了一个机会，让他们根据主题收集整理资料，写出文稿，在小组或全体学生面前进行交流。这样的活动学生既是主动的学习者又是一个忠实的听众，能有效地在活动中掌握知识。

如：教学《爬行动物》一课，书本上的内容不多，而恐龙作为某一个时期的代表动物，有很多谜吸引着人们去寻求答案，包括我们的小学生，而恐龙的灭绝到底是不是环境引起的也是人们一直以来争论不休的话题。因此，在学习这一内容时，我让学生分组收集资料，来说明自己的观点，并且将自己收集的资料进行整理，以报告的形式向大家阐述，也由此来说明环境与生物之间的密切关系。在这种活动形式中，学生在收集中、在交流中、在报告中都在接受环境的教育，同时各方面的能力也得到了培养。

②在情境模拟中讨论、辩论。

为了使学生对环境产生直接体验，人为地创设某种情境，由学生亲身经历一种活动或氛围，并且在这种前提下进行讨论和辩论，营造平等、和谐、互相尊重的氛围，使学生敢于发表自己的看法又善于倾听别人的意见。

如：《地球，共同的家园》可以先在教室里布置一些动植物的图片，以及这些动植物的现状，向大家营造一个生物被恶意破坏的情境，让学生感受氛围。在此基础上，引导学生展开讨论：我们只有一个地球，她不仅是人类的，也是所有生物共同的家园，为什么这样说？怎样来保护我们共同的家园呢？

③在游戏中接受环境教育。

科学游戏主要用于低中年级。一般在某些课堂教学进行中某一环节所采用的活动方式，在进行环境渗透教育时，有时也可以采用这种有趣的教学互动活动。

如：《食物链》一课，要让学生了解各种生物之间息息相关的联系，可以做一个有趣的结网游戏，这个游戏可以清楚地表现自然界各成员间的关系，描绘出生物之间是如何组合在一起，又是如何相互联系的，同时在游戏中也充分体现了本学期课堂互动中生生互动的环节。游戏时让学生们拿着一个线圈站在圈内靠近边缘的地方，学生们代表某一种生物，让大家结成一个网，为了证明每个个体对整体都很重要，可以用假定情况去掉网中的某个成员。例如，兔子倒下就会使连着的线受到牵引，受到线牵动的生物就会受到影响。如此下去，自然界的生物就会灭绝。

④在角色扮演中接受环境教育。

为了使学生理解科学事物的相互关系和对某些科学及科学与社会问题的讨论与决策，并产生情感体验，由学生扮演某些科学事物的角色，在课堂上进行表演活动，在表演中体验环境保护的重要性。

如：在学习《动物的自我保护》时，由学生各自扮演自己喜欢的动物，让学生在面对敌人进攻时想出对策逃生。在活动既体现弱小动物的机智，也可见强壮动物的凶猛，一一体现了动物的自我保护本领，生动有趣又充满科学性，这其实是学生对信息的一种认知、体会、运用，也一下子把人和自然的距离拉近了，使学生融入其中，为自然为其他生物生存而担忧，就象担忧我们人类一样。在这样的扮演中，学生又一次受到了深刻的环境教育。

⑤通过展览形式接受环境教育。

作为活动成果的展示，如剪报、手抄报、摄影绘画的图片、小论文、小制作等。展示学生的环保作品，激发他们的热情等。比如本学期在教学《制作小乐器》探究活动，我就是让学生了解一些乐器，在了解不同乐器的知识基础上，让学生思考我们能用哪些身边的材料制作模拟的乐器，我们通过展览会评比的形式看看谁能变废为宝制作出优秀的作品。

在教学活动中，还有很多方式、方法都可以用于环境渗透的教育。总之，在教学中要做个有心人，把刻板的说教变化成各种各样的有趣的活动，让学生在玩中学，在学中玩。

（3）课外延伸。

为了更加直观、更加深入地了解、掌握环境知识，让理论上升为实践，把实践总结为理论，就要加强对学生进行实地教育，让他们身处环境之中，感受环境。

例如，在教学了《生物与环境》这一单元以后，为了让学生切实感受到环境与生物间的关系，生态平衡对我们的重要性，我让学生开展了小生态瓶的研究实验，让学生进行实际操作，在操作中掌握技能，了解环境生态平衡的重要性，接受一次身临其境的环境教育。

积极参加户外活动

在大自然开展社会实践活动中进行环境教育是目前最有利的方式之一，在这一点上很多国家都有共识。为了加强对学生的环境教育，我认为可以适时与各班班主任联系，有针对性地开展户外活动。在活动中要让学生认识到他们是主角，要让他们既觉得有趣又不知不觉受到教育，要令他们认识到人是自然的一部分，而不是主宰，人应该和其他的生物成为朋友。比如以"动物的自我保护"活动为例，每个参与者都是"动物"，每只小动物都有道具，可以自己制作。敌人来了，你要用自己的"本领"来保护自己，而这些动物，只有依靠自己正确的防卫措施才能保住自己的生命。当然，可以诱惑敌人去"猎食"其他的没有好好保护自己的动物。一个简单而又巧妙的游戏，一下子就可以把人和自然的距离拉近，使学生融入其中，为自然为其他生物生存而担忧，就像担忧我们人类一样。显而易见，这种真正做到寓教于乐的方式比在教室里的说教效果要强得多。

目前，渗透式环境教育我已在日常教学工作中已经逐步开展起来，但是渗透内容和方式还有待加强和摸索。以上，只是我个人的一点看法，希望各学科的老师多多指教，让我们共同探讨，并逐步探索出有效的开展方式，使我校的环境教育上一新台阶。

9. 自然教学中的环境教育方法

众所周知，自然环境是人类生存必不可少的条件之一，但当前人类普遍面临着大气污染、气候变暖、淡水资源面临枯竭、森林锐减、土地沙漠化、物种灭绝、臭氧层耗损等一系列环境问题。污染一条河流用不了几年，而要治理这条河流就要上百年。保护环境是我们人类面临的一个主要课题。欧美等发达国家十分重视在学生中开展环保意识教育，就连我们邻国的日本在小学普遍开设"垃圾课"，这一举动妙不可言，提高国民环保意识必须从娃娃抓起，我国地大物博，人口众多，环境保护工作任重道远，更应该从娃娃抓起，这样的环境保护工作才能经久不衰。

环境教育是一门涉及自然科学和社会科学的交叉学科，我们不难发现在自然教材中有许多涉及环境的内容，作为一名自然教师，我们有责任和义务去宣传保护环境，可以让孩子们在了解人与自然、动物的关系时，增强保护环境的意识，从小养成爱护环境习惯。向广大学生传授环境知识，使他们认识的保护自然资源、控制人口以及保护环境的重要。在教学中凡是能涉及环境教育的渗透点都要挖掘出来，将环保教育渗透其中，做到有机结合适时适度。

努力挖掘教材内涵

课堂教学是向学生传授基础知识及基本技能的主要场所，也是渗透环境教育的主阵地。由于教材中并没有专门列项注明环境教育的内容要点，因此，教师在教学过程中，要善于挖掘教材，把相应的环境内容渗透下去。

小学自然教材中，都选取了动植物主要特征的知识，使学生能认识周围环境中常见的生物。也选取了一些初步的遗传、进化，使学生初步了解生命的起源和生物的发展，生物具有多样性和生物之间的相互关系以及生物与环境的关系等。使学生能认识生物与其环境之间相互关系，保持生态平衡、防止环境污染和保护动植物资源的重要意义。环境教育渗透主要内容：世界及我国动植物资源的状况，我国的环境状况，可持续发展的理论，环境保护的必要性，有关环境保护的一些法律条文等。

开展社会实践活动

除了课堂教学这个主阵地外，第二课堂活动也是进行环境教育的好场所。在利用好课堂教育进行环境教育渗透的同时，应结合自然的特点，在开展第二课堂活动的时候，进行环境教育。开展环境调查活动，到学校附近工厂进行参观，认识环保工作等。结合环境污染、食物的污染、水源污染等进行教学，使学生懂得食物中毒的预防方法，

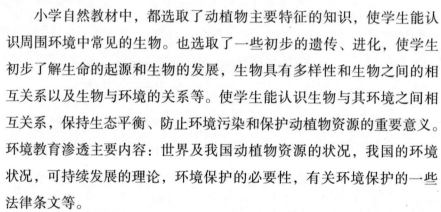

又懂得环境保护的重要性。通过了解我国动植物资源遭受破坏情况，了解环境污染的现象及其危害，懂得环境保护的迫切性和长期性，懂得从我做起，从小养成爱护环境的好习惯。

1974 年以来历年"世界环境日"的主题，还应包括了解基本的环境科学知识，了解"酸雨"、"臭氧层耗损"、"温室效应"、"白色污染"等环境专业术语名词，弄清产生这些污染的原因及对策；最主要的是要培训教师课堂渗透环保知识的能力。

把环境教育列入到课外活动中，带领学生进行校园植物的调查，到塑料、棉纺、水泥、化工等工厂等进行参观访问，到植物保护区考察等。通过这些活动，学生的环境意识得到了很大的提高，也成为环境宣传工作的好帮手。

积极开设专题讲座

自然界有着千丝万缕的关系，如自然资源的利用、可持续发展、生物生存的空间环境等，都是学生较为感兴趣的内容。我在教学过程中，从报纸、杂志上收集了很多有关环境教育的资料，整理成一个一个的专题，协助学校做好环境教育宣传工作。如出墙报、协助搞好环境专题的手抄报比赛、利用一些特殊的日子举行专题讲座等。通过举办这些活动，学生对环境的认识有了很大的提高，大大地提高了学生的环境意识。

自然教学中开展环境渗透教育，收到了可喜的成绩，学生学习自然的兴趣大大提高了，

学生参与环境保护的意识也大大提高了。兴趣小组的同学到学校附近的工厂参观调查后，写了两篇调查报告，此外，学生的环保意识也大大加强了。学生们能自觉参与环境保护的宣传工作，积极参加做好学校的环境清洁保护工作，使校园的环境更优美。

环境教育是一门涉及自然科学和社会科学的交叉学科，很有必要加强环境教育的意识，平时注意多收集相关资料，为环境教育的渗透做好准备工作，以提高学生的综合素质。

环境教育的渗透要注意适时、适量。所谓适时，就是要在适当的时候才渗透，也就是讲到相关要点时才渗透，并非每堂课都要渗透。适量也就是度的问题。自然教学的主要任务是把自然基础知识和基本技能传授给学生。因此，渗透环境教育要适时、适量，不能本末倒置。

2. 学生环保意识与能力培养途径

《中国21世纪议程》中强调教育必须重新定向：应该把增强公众的环保意识和支持环境发展的态度、价值观，树立受教育者可持续发展的观念作为现代化教育重要目的。然而，这一目的实现需要我们把培养学生环保意识与主体自觉参与环保活动的能力作为可持续发展的基础工程。

培养学生自觉参与环保活动的意识与能力，不是只靠一两次宣传教育或单纯的说教和提一些保护环境的要求就可以形成的。而是需要通过多种教育途径和方法以及反复参与实践活动，才能内化为自身的环保意识，外化为环保行动。

创设环环相扣的环境教育途径

宣传教育是对学生进行各种教育活动的途径之一。受教育者通过大量的宣传教育活动学生可以从感性认识上升到理性认识，从而再指导实践活动。我校在环境教育宣传活动中采取了看、听、讲相结合的方法。组织学生看环保展览、录相、VCD光盘。有些展览怕学生看不懂或理解不全面，我们就把展览录下来再配上解说，让学生边看边听以达到最佳教育效果。

通过环环相扣的环保宣传教育，学生们开始有了居安思危的忧患意识，认识到他们的生活不仅有阳光雨露，幸福快乐，而严峻的环境问题正威胁着他们未来的生存，学生们开始萌发了保护环境的意识。

各学科教学渗透环境教育途径

科技自然老师指导学生制作"保护环境、美化社区"沙盘、"减卡救树"宣传卡等。使学生懂得社区环境的好坏关系到每个人的切身利益，免赠贺卡可以节省大量自然资源，使自然环境可持续发展。

每位老师都努力挖掘教材中可渗透环保教育的渗透点对学生进行环保教育。

丰富多彩的环保教育活动途径

活动育人是每个教育工作者都深知的教育方法，所以我校把开展丰富多彩的环保活动作为强化学生环保意识与主体自觉参与环保活动教育的最佳途径。几年来我们组织的活动有：

（1）参观考察活动。

组织学生参观了百鸟园、麋鹿园、教学植物园、中国科技馆、自然博物馆、高科技种植园、中兴废品回收公司等。利用寒暑假参加中小学生大运河考察、"自然情怀"夏令营、小汤山温泉蔬菜基地绿色夏令营等。

（2）社区环保活动。

每逢双休日、节假日，组织学生参加市区"绿色志愿者清扫日"和社区假日小队活动。同学们来到社区、走上街头、插挂彩旗及宣传标语、向路人播放环保宣传录音、清扫绿地、捡拾白色垃圾、刷洗电线杆上的非法小广告、废电池回收活动、小手拉大手家庭《绿色生活承诺卡》活动。

（3）各种环保活动。

组织学生参加全国中小学生环境保护知识竞赛、绿化美化保护环境系列教育跨世纪绿色行动、生命之树活动、中小学生"创新杯"生物知识竞赛等活动。

（4）环境和资源日纪念活动。

每逢植树节、世界水日、地球日、环境日等环保日和资源日，我们都给学生组织有关的活动。例如：植树种草、环保画、环保手抄报比赛、节水方案设计、保护动物百人签名、青少年保护动物观点调查等。

（5）读环保书报活动。

我们倡导学生读环保方面书籍报刊，并要求写读后感。

（6）环保社会调查。

我们组织学生到社区开展环境调查，调查人们对可持续发展观念的理解、对申办奥运的看法、对垃圾分类的看法、进行"用小眼睛观察大社会、小社区与申奥的差距"调查等。与清华大学环境与科学系的大博士座谈环保新形势；与徒步万里黄河，倡导绿色文明的任佳雁座谈环境保护问题；向英国野生动物保护专家珍妮古道尔了解黑猩猩的生活习性等。

一个个丰富多彩的环保教育活动，一次次深刻地环保教育过程。震撼着学生的思想，触动了他们的心灵，强化了他们的环保意识，使他们从内心发出了强烈地主体参与环保活动的积极性和社会责任感。从内心呼喊出："不说保护环境的空话，要做保护环境的实事"的誓言，从实践行动中体现出人人争当"环保小卫士"的决心。

在环保活动中引进评比、表彰机制的途径

环境教育中也要引进评比表彰机制，这不仅仅是可以激发学生主体参与环保活动的积极性。更重要的是唤醒学生参加环保活动的主体意识，学生的潜能得以展示。为此学校每次开展环保活动前都要提出活动要求和评比条件，活动后进行总结、评比、表彰。

通过在环保活动中引进评价、表彰机制的实践，我们得到这样的认识：评价、表彰机制是激发学生主体自觉参与环保活动积极性的有效途径。

通过对培养学生环保意识和主体自觉参与环保实践活动的研究。我们得出的结论是：要培养学生的环保意识，教师首先要树立牢固的环保意识与可持续发展观念，对环境教育工作要有坚定不移、常抓不懈的精神。

10. 生物教学中如何加强学生的生态意识

人类的生存环境是一个巨大的生态系统，这个生态系统保持平衡，将直接关系到人类的生死存亡。但是，随着人类社会的发展，尤其是现代工业的不断发展，环境污染已达到了空前严重的地步，再加上人类对动植物资源的不合理利用，已严重破坏了自然界的生态平衡。地球，这个昔日人类温馨的家园，如今已是创伤累累，不堪负重。因此，如何唤起人们维护自然界的生态平衡意识，保护人类赖以生存的自然环境，已是当务之急。作为一名生物教师，在平时的授课中，有意识地加强学生的生态意识，使他们深切认识到生物与环境的辩证统一关系，从而为他们日后走向社会自觉担负起保护自然环境的重任而打下基础。那么在授课中，如何加强学生的生态意识教育呢做法有以下几点：

挖掘教材中体现生态学知识的例子

所谓生态学是生物与环境之间相互关系的科学，在生物学教材中就体现了有关生态学的知识。环境因素影响着生物的形态结构，生活习性和生殖发育。

（1）对生物形态结构的影响。

根据达尔文的自然选择学说，适者生存，不适就要被淘汰。因此，就形态结构来说很多生物都体现了与其生活环境相适应的现象。如鱼类的流线型和用鳃呼吸是适合水中生活的标记；鸟类的流线体形，体表覆盖羽毛，骨骼轻且胸骨发达，是适应飞翔生活的特征；而两栖纲动物，幼体用鳃呼吸，成体用肺呼吸，更有力地证明了动物的形态结构受生存环境的制约，而在植物界同样也不例外，如树叶的片状结构和叶镶嵌现象，是为了争取光照，适应于光合作用的标记，沙漠中的仙人掌类植物，叶变态成叶刺，以减少体内水分的蒸发散失，这是适应于沙漠缺水，高温环境生活的标记。所有这些丰富多彩的动植物形态结构，无不体现着其生存环境相适应的特征。

（2）对生物生活习性的影响。

每年的九、十月间，大量的燕子就会从北方向南方陆续飞来以安全越冬，到来年春暖花开之际又飞回北方觅食。这是受环境气候变化而进行迁徙的典型候鸟。除此之外，诸如鱼类的洄游，植物的根的向地性生长和趋水肥生长，藻类，苔藓类植物必须生活在阴湿的环境中，动物的节律行为，植物种子的休眠现象等，与它们所生活的环境构成了紧密的联系。

（3）对生物生殖，发育的影响。

在讲授《腔肠动物门》时，很多学生对水螅的两种生殖方式感到不理解，其实，这是受环境条件制约的结果。又如植物界中苔藓植物中葫芦藓的生殖过程，植物必须在湿润的条件下，才能完成受精作用，繁殖新个体。甚至连一粒小小的种子从播种到萌发的过程，也无时无刻不受温度，水分，光照等环境因素的影响。

由此可见，教材中提到的各种各样的生物及其形成的种种适应本身就是一种生物进化的产物，而生物在进化过程中是不能脱离环境生存和发展的。

（4）生物与环境的密切关系。

在叶的光合作用一节时，提问学生：动物和人类时刻都要进行呼吸作用，并且吸入氧，呼出二氧化碳，那为什么大气中的氧不会越来越少，二氧化碳不会越来越多呢？学生答不上来。其实这应归功于自然界中大量绿色植物，通过光合作用，吸收了大气中的二氧化碳，并且释放出氧气，从而使大气中的氧和二氧化碳含量能保持相对的稳定。因此，大量绿色植物的存在对于改善人类的生存环境，无疑起着决定性的作用。学生听罢，无不感到保护森林，绿化环境的神圣使命。而作为植物界其它植物生物的开路先锋：苔藓植物，能够分泌一种液体，这种液体可以缓慢地溶解岩石表面，加速岩石的风化，促成土壤的形成，为万物的生长提供生命的摇篮，一提到细菌，不少学生往往就嫡系到多种疾病，从而误认为所有的细菌都是十分可怕。但殊不知，土壤中正是有了大量腐生细菌的存在，使得自然界中无数的动物遗体和人畜类尿都分成水分和无机盐等返还给自然界，促进了自然界的物质循环，有人把腐生细菌比喻为默默无闻却功勋卓著的环境清洁工，它们实为我们人类创造了优良的生存环境。

总之，生物与环境的关系是相互依存又相互制约，在授课中，应向学生阐明，无论是毁灭生物，还是破坏生态环境，都必将导致生态平衡的破坏，从而导致人类的大祸临头。

善于联系生活实际

随着人类实践活动的加强，人类改造自然的过程必须造成干预自身的生态环境。现在，工业上"三废"的污染和对自然

（1）天空中的杀手锏。

酸雨的主要原因是烧煤，发电厂等排出 SO_2 所致。酸雨能使江，河，湖泊水质酸化，造成鱼虾死亡和灭绝；在陆地上，酸雨使土壤酸化，造成森林大片枯死，农作物绝收，并危害人的健康。

（2）臭氧层的破坏。

据载近年来南极上空出现直径上千公里的臭氧层洞。当大气中臭氧层被破坏后，照射到地面的紫外线将增加，引起人们的各种疾病，并影响了动植物的生长发育。

（3）温室效应出现。

使全球变暖的主要原因是由 CO_2 及其它一些诸如 O_3，N_2O，CH_4 等气体所引起的。而这些气体增加的主要原因是化石燃料的大量燃烧和毁坏森林所致。气候的变暖将给人类及众多生物带来无限的灾难。其它诸如海洋污染，水资源告急等。

众多的生态环境恶化现象无不在急切的警告世人，生态的灾难并非危言耸听，人类若不及早采取行之有效的保护生态环境的措施，生物界面临的灭顶之灾将是指日可待。近年来，在太平洋沿域发生厄尔尼诺现象，而使自然界产生飓风、海啸、洪涝灾害等，使人类面临这一场严峻的生死考验，这些活生生的事例无不预示着当今生态问题潜伏着的巨大危机。

宣传保护生态环境的政策

《生物课程标准》指出：热爱大自然、热爱生命、理解人与自然和谐发展的意义，提高环境保护意识，增强爱国主义情感。我国于 1979 年制定的《中华人民共和国保护法（试行）》这就要求我们不但要从理论上认识环境保护的重要性，而且要有这方面的法制观念，在实际行动中做好环境保护工作。

在现代生态环境日益恶化和动植物资源遭受严重破坏的情况下，要更好地采取措施，除了要做好普及宣传和加大法制力度外，更重要的是要把生态意识灌输到青少年一代头脑中去，使他们自觉地担负起爱护自然环境，保护自然界生态平衡伟大历史使命。

11. 地理教学中的生命教育方案

地理教育教学的核心观点是"人地协调"观，所谓"人地协调"观，是要求学生认识到我们赖于生存发展的地球只有一个，地球上的资源并非是取之不尽、用之不竭的，让学生形成一种尊重自然、保护地球，使人与自然和谐相处的意识以及人口、环境、资源的道德意识。

地理学科涉及到人类生产、生活的方方面面，还涉及到人类的精神世界。人类的生产生活活动与地理环境的关系非常密切。只有认识自己的生命、尊重他人的生命，才能珍惜人类所共同生存的环境，才能在学习过程中逐步树立科学的人口观、资源观、环境观和可持续发展观，进而形成正确的世界观、人生观、价值观。

高中地理新教材以人类生存发展所依赖的地理环境为出发点，以当代人类所面临的人口、资源、环境和发展问题为主线，以"天、地、人"合一的自然观和可持续发展的科学观为依据来编写教材内容，新教材中蕴涵着大量的生命教育素材。

地理学科对学生的能力培养有仔细的观察力、敏锐的觉察力、正确的区位和空间的判断力，大胆的、科学的预测力，使学生既获得真切的体验，又增强了对地理学科的兴趣，更有利于他们对自然生命以及自身价值的认识。

地理教学中渗透生命教育的途径

（1）挖掘教材生命教育资源。

地理课程是生命教育的隐性课程，合理地挖掘生命教育资源并进行必要的整合，可以使学生得到潜移默化的生命教育。例如：在学习《地震和火山》时，教师就可以适当地对学生进行生命教育。地震虽然至今仍然是我们人类无法抗拒的自然灾害，但是只要我们按照科学道理去做，还是可以减轻它给人类带来的灾害。在讲《台风》的时候，教师也可以把如何减轻台风的危害、规避台风灾害的风险作为教学的内容处理。在《地域文化差异》、《旅游活动与环境协调》等人文地理的教学中，让学生知道人与自然的和谐相处是全人类的共同职责，学会关心自我、关心他人、关心自然、关心社会。

（2）优化地理课堂教学设计。

地理教师在进行课堂教学设计尤其在制定教学目标的时候，要突出生命教育，将学生情感、态度、价值观的培养作为教学目标制定的重中之重，把以学生为本的教学作为课堂教学的主要方式。让学生在学习过程中享受生命的体验，让学生尝到成功的喜悦。在教学过程中教师也要根据学生的个人经验、学习兴趣、知识水平、理解能力和现有条件，选择恰当的教学方法和手段，力求保证地理课堂的生命活力，保证学生的生命成长。

（3）重视节日中的生命教育资源。

利用每年的"世界环境日"，教育学生保护环境，善待地球上的所有生命及其生存环境，是地球公民的共同责任。每年的"世界地球日"，告诉学生地球是人类的共同家园。唤起学生爱护地球、保护家园，促进资源开发与环境保护协调发展的意识，最终使人和自然和谐相处，实现可持续发展。

（4）创设宽松、民主、和谐的评价方式。

教师在对学生进行教学评价时，应该尊重学生的个别差异。发展学生个性，对不同人采用不同的评价标准，让学生掌握对其终身发展有用的知识。在评价过程中，要创设宽松、民主、和谐的评价方式，从而激发学生的生命价值。

地理教学中渗透生命教育的步骤

（1）借助现代信息技术。

教师在进行知识信息的传播时可以利用多媒体技术，采用情景教学法，引领学生进入特定的教学背景中。通过声音图片的再现和鲜活生命的展现，使学生入境、生情、思考、感悟，体会生命的价值，引发学生心灵的感知和情感的共鸣。

如在高中地理"自然环境"、"物质循环"，人文地理的"人口与环境"、"环境与可持续发展"等教学中，都可以适时地使用多媒体教学，通过图文并茂、生动形象的图片声音的再现，使学生仿佛身临其境。

（2）结合地理课外实践活动。

作为新课程理念的重要组成部分，地理课外实践活动，其目标之一是亲近、关爱自然，懂得人与自然和谐相处，理解人与自然、人与社会的协调发展。在活动中学生可以了解自然、认识社会。

如在学习完《人文地理》后，可安排学生一次课外调查活动：调查本地区的人口、环境、资源状况，理解人与环境协调发展的道理，感受生活质量的提高与环境保护的关系。在学习了《自然地理》后，可带领学生开展一次地理课外实践活动，了解本地区的风土人情、乡土地理知识，激发学生对生命的热爱并由此上升到对家乡和祖国的热爱。

（3）采用演讲、讨论等形式。

围绕生命教育主题，结合地理学科的知识特点，在课堂上开展一系列演讲、讨论等活动，让学生领会生命教育的含义，也是对学生进行生命教育的方法。如在学习新教材上册《自然地理》时，可适时开展一些"人、自然、环境"等方面的演讲或讨论。

（4）利用地理专题教育。

结合地理新教材有关专题的教学，举办一些诸如环境保护、温室效应、自然灾害、城市化问题及其对策等的专题讲座。让学生了解人类活动对各种生存环境的影响，保护地球就是保护生命。

通过地理新教材某些专栏的学习或结合某些纪念日、节日，可让学生利用班级板报，适时地开展一些班级黑板报的宣传和评比。当然，板报的内容要突出生命教育，体现生命教育的内涵。

此外，在学校网站上，结合教材专题中生命教育的题材，开通生命教育专题网页，让学生把对生命的所思、所想、所感说出来。使他们增强对生命的认识和感悟。

地理教学中渗透生命教育的意义

（1）引导学生珍爱生命。

通过生命教育可以帮助学生认识生命、尊重生命、珍爱生命，从而促进学生整体身心健康发展。

（2）培养学生积极面对挑战。

通过生命教育，提高学生生存技能和生命质量，逐步学会自我保护能力；将中华民族自强不息的优良传统根植于学生心中，培养学生勇敢、自信、坚强的品格和身处逆境坚韧不拔的意志；培养学生的竞争意识、协作意识、自律意识以及在日益开放的竞争环境中生存发展的智慧与能力。

（3）促成学生生命活动的升华。

地理学科中的自然科学内容中包含着许多科学道理，在地理教学过程中，可以利用这些内容，引导学生尊重科学、追求科学、崇尚科学，诱发学生的创造力，培养学生的科学精神。同时由于地理学科和人类活动休戚相关，教学中可以提高学生的人文素养，促成学生个性特点和社会环境的和谐统一，使学生的生命质量向更高层次攀登，生命活动更加充实。

12. 如何对小学生进行环境保护教育

环境是人类生存的基本条件，是人类赖以生存的基础。当前生态环境日趋恶劣，一次又一次给人类敲响了警钟，为了我们这一代和将来的世世代代，保护和改善人类环境，已经成为人类一个紧迫的目标。对小学生进行环境保护教育到了刻不容缓的时候了。如何对学生进行环境保护教育呢？

了解环境保护的重要性

要想对学生进行环境保护教育，首先要让学生了解环境保护教育的重要性和迫切性。根据小学生的年龄特点，长篇大论的空洞说教收效甚微，只有直观形象才能给学生留下深刻的印象。

（1）组织学生阅读资料。

为了让学生充分了解环境保护的重要性、迫切性，变枯燥乏味的环境保护知识为直观形象，使学生乐意接受。组织学生观赏录像、图片不乏为行之有效的好方法之一。告诉学生我们人类赖以生存的空气、水和土地正遭受着严重的破坏，森林资源日益减少，土壤的过分流失沙化，给人类带来了许多灾难。我国长江流域，由于原始植被大量丧失，因此导致了小雨量、高水位、大水灾的惨痛场面。

（2）开展丰富多彩的活动。

好动是孩子的天性，学生在活动中最容易接受知识受到教育，因此丰富多彩的活动也是让学生进一步明确环保重要性迫切性的有效手段之一。

如：开展《我与蓝天同在》，布置学生收集有关环境保护方面的材料，采用知识竞赛的方法让学生认识中国环境保护标志，了解植树节、地球日、世界环境日，知晓为了法理和保护环境，我国也制定并贯彻了《环境保护法》、《海洋环境保护法》、《大气污染防止法》等；采用一分钟演讲、独唱《热爱地球妈妈》等，让学生在活动中增强环保意识，丰富环保知识，从而进行一次认识环境保护的重要性和迫切性和灵活性。

环境保护教育要有针对性

对学生进行环保教育也要有针对性，要符合学生的年龄特点。当今的学生都是独生子女，聪明活泼同时也好奇调皮，凡事有个新鲜感，常常有些同学在厕所前有事无事地去放水来玩，这样无意中就浪费了珍贵的水资源，面对这一情况，严厉的批评只能一时奏效，解决问题的根本还需让学生了解水资源的宝贵，对学生进行环境保护教育，于是把环境保护教育有机地结合在课堂教学中。

如在学习完《访问环保专家方博士》一文之后，让学生谈谈学了课文后的感受，懂得了什么，然后让学生展开讨论：我们应该怎样珍惜每一滴水，保护水资源和水环境。学生从中受到了教育，玩水龙头现象自然消失了。

环境保护教育中的示范性

在学生的心目中，教师的形象是美好的、伟大的，教师在学生心目中有崇高的威望。因此在校园环境保护教育中，教师要充分利用这一优势，身先示范，看见废纸就拾，亲自动手擦洗黑板，打扫卫生，学生定会主动加入这一行列，积极打扫。我们还应把环保教育贯串于日常生活中，经常带学生到花坛除草，成立绿色小卫士队，齐抓共管，共同爱护一草一木。给学生创设优雅的学习环境，还定时请乡环保人员给学生讲解有关知识；带领学生走出校门，走向社会宣传环保知识，让学生亲自参加环境保护，劳动实践，几年来，始终如一地积极开展环境保护教育活动。

总之对学生进行环境保护教育，让他们明白：爱护地球、珍惜资源、保护环境，是功在当代利及千秋的大事。我们应该从小增强环保意识，学习、宣传环保知识，自觉保持环境卫生，不做污染环境的事，爱护绿化，积极参加保护环境的公益活动，为保护好我们的家园而努力奋斗。

13. 学校加强中学生环境教育的注重点

环境教育是一门综合性学科，包含自然科学、社会科学。目前各地各校均未能建立一门专门学科来开展环境教育。这样就要求学校教师在平时的教育教学过程中加强研究环境教育的方法和途径，多渠道、全方位地进行环境教育的开展和渗透。同时，学生的特点是处于青春期，活泼好动，容易调动积极性，但也容易情绪化，他们对枯燥、抽象的理论不感兴趣，一旦将枯燥的环保理论形象化，引起他们兴趣，就会全身心地投入。为此，教师首先通过讲课、收集材料等方式加强学生们的理论学习，使他们明白环境保护和可持续发展的一般知识。在此基础上，选择中学生身边存在的环境问题入手，充分利用学校及学校周围社区的自然环境、社会环境这个大课堂,通过多种角度的参与和实践活动,让孩子们从感性的认识和自身活动中积极、轻松、自然地接受环境教育并变为自觉的行动,最终使环境教育完成从感性认识、理论认识、理性认识这样一个过程。在这一过程中要注重以下方面。

要注重师资培训

在环境教育过程中,教师是环境教育的总体设计者和执行者。教师对环境教育的热情和投入的程度,将决定学校环境教育的质量和效果。只有让广大教师对走可持续发展之路和开展环境教育有强烈的意识,以及具备足够的业务素质,才能培养出大批能为国家和本地区的可持续发展作出贡献的合格人才,才能使环境教育取得最大实效。为此,学校首先在教师中进行环境教育意识的学习与研究。共同学习国内外有关专家的论述与理论,提高了大家进行环境教育意识研究的自觉性、主动性。努力为教师的环境教育培训创造好条件,帮助教师更新知识,开阔视野。

培训的可以多种多样,如组织教师进行环境考察、参加暑期环境培训班、举办环境科学学术研讨会、提供教学观摩和交流机会等,通过培训不仅可以使教师获得开展环境教育所必需的知识、技能和情感,还可以使他们获得把这些知识、技能和情感传授给学生的能力。

要注重学生内在需求的生成

在环境保护这个目标的实现过程中,情感体验和理性认识是两个重要的环节。学生只有通过深刻的情感体验,认识感受到大自然的美好,才能在心灵上产生情感的激荡,才会向往清洁美丽的环境,从而进一步产生环境道德需求。对于学生来讲这点尤为重要。许多生活在城市的孩子以为世界本来就是这样灰暗污浊,从而缺乏向往清洁环境热情。所以,学校环境教育不能忽视带学生回归自然,去亲身体验自然的和谐美好。在此基础上，还必须对学生进行一定的理性教育，使纯朴的道德情感更为深刻、更持久。

所以，情感与理性的结合是环境教育在学生内心深处产生需要的必要条件。如果在环境教育中对学生主要是从外在控制出发，而不是从学生的内在需要出发，不善于激发学生的内在情感和动机，这样的环境教育是不会真正发挥实效的。

要注重校园内环境教育氛围的营造

注重美化校园，我们不能忽视校园文化建设中环境教育的隐性功能，良好的生活环境给学生以美好性格的塑造和心灵的陶冶。与自然和谐相处是现代中学生应有的良好素质。因此，学校要注意在校园里创设优美环境，自然诱发孩子们爱护环境，保护环境的意识。

人类只有一个地球，校园是地球大环境中与我们关系最密切的小环境，要爱护地球就要从我们身边做起，让我们的校园美丽起来。加强学校的绿化，专门成立以班级学单位的校园护绿小组；坚持垃圾分类，利用废弃物制作环保作品等；同时学校加强三个文明教育和三类评比活动的开展，强化全校师生养成不随地吐痰、不乱抛杂物、不大声喧哗等保护环境的良好习惯等。美丽整洁充满生机的校园环境，激发了同学们爱护环境之情。

开展丰富多彩的活动，寓环境教育在团队实践活动之中，让他们在愉快的心情中很自然地接受环境教育，这样既丰富了团委、少先队的教育内容又达到了提高孩子们各种参与能力的目的。一年一度的"植树节"、"爱鸟周"、"地球日"、"世界环境日"、"世界粮食日"成了学校传统的环境教育节日，这类活动的内容多种多样，如引导孩子们认识鸟与人类的密切关系；明白"护绿·爱绿"的重要意义，人人争做"护绿小天使"，"让天更蓝，让水更绿"；"我们只有一个地球"，发动大家献计献策为地球治病；评选你最喜欢的野生动物等。成立"环保兴趣小组"，通过查资料、画漫画、考察、社会实践等形式使兴趣小组的学生对环境保护有了进一步的理解，并以点带面，在全校掀起了"环保热"，人人关心环境问题。学校在校园内开辟了环保专题宣传栏，学生们还动手通过文艺、壁画、小报、黑板报、制作作品等形式宣传环保，接受教育。通过一系列活动的开展，同学们意识到自己有保护我们赖以生存的环境的责任和义务。

要注重学科教学中对环境教育的渗透

课堂教学是学生接受知识的主要形式，也是实施环境教育的主渠道，在课堂教学中渗透环境教育，可以使学生尽可能地从书本、课堂教学的主渠道获得环境保护知识。

目前中小学各科教材中都包含了一些环保内容，要求任课老师充分重视，对各门学科，特别是重点学科生物、地理、化学的课本内容进行分析、归类，选出有关环境保护的篇目，适当地进行补充和扩展，使这些课文的教学与环境教育有机地结合在一起，让学生在学习文化知识的过程中，树立环境意识，达到渗透目的。同时教务处根据学科，组织相关教师深入研究教材，挖掘教材中可持续发展教育思想的渗透点，通过整理、归纳，按环境道德、环保行为、环境科学、环保知识等几大类把相关知识点找出来，研究如何在课堂教学中进行环境教育的系列化渗透，并在一段时间内共同进行有关知识的传授和总结。例如化学课本中的"酸雨的形成及危害"、"大气污染"、"自然界中的水"等章节都涉及到的环境污染和环境保护等相关内容，和学生的生活联系密切，上课时在老师的点拨下，让学生认识到环境保护刻不容缓，环境保护与人类的生存息息相关，良好的地球环境是人类赖以生存的基础。

生物课的内容包罗万象，它的课型结构也是多样化的，这使得环境教育的渗透方式也是多样化。例如"种子的萌发"、"植物的生殖"、"生物的多样性"、"我国的珍稀动植物物"等课,让学生懂得每种动植物都需要一定的生态环境,保护好环境,才能使动植物生长得好。地球上要是没有植物,也就没有动物,人类也就无法生存。音乐课"让我们荡起双桨"等歌曲,通过渗透教育,唤起学生对大自然的热爱。

总之,中学的教科书中有着纵横交织的无数的环境教育的内容,而环境教育的渗透也为课堂教学注入了新的活力。

要注重环境教育形式上的结合

(1)课堂教学与社会实践活动相结合。

虽然学生一天的大部分时间都是在学校校园内,在课堂上学习,但对学生进行环境教育,不能仅仅局限在校园内、课堂上,还要到大自然、大社会中去开发教育资源,课堂外的教育是课堂教学的继续、扩展和补充,是学校环境教育的重要形式,有利于学生环境意识和环境知识水平的提高。

所以,我们在课堂教学、课外活动中开展环境教育的同时,要积极利用节假日和春游秋游有目的地组织学生参与社会实践,培养学生从关心自己发展到关心学校、关心社区,并积极参与整治活动,真正理解地球是人类的地球,家园是我们的家园,人人应该加以保护,把环境教育推向更高的层次。

(2)理论学习与实际训练相结合。

在学校开展环境教育活动的前期,比较重视对环保理论知识的学习,为学生开设的环境保护课以知识的讲解为主,对学生宣讲大量环境保护的知识理论。在学生的环保意识还不是很强的情况下,这是很有必要的。但是处于这一阶段的学生们,还是不知道自己到底应当在环境保护中做些什么实际工作。因此注重环境保护理论与实际相结合是十分必要的。辅导学生学习环保知识可从学生所关心的问题或社会热点问题入手，使环保理论的学习与实际生活有机地联系起来。

充分利用各种机会，积极参与社区及本市组织的各种环保活动，引导学生参与力所能及的面向社会的环境监督和宣传教育活动，使其在活动中受教育。例如配合社区的活动，同学们利用双休日，走上街头"做一天清洁工"。教育学生从日常生活做起，督促家长告别塑料袋，重提布袋子，以实际行动向白色污染宣战。由于这些活动形式多样，生动活泼，联系实际，具有针对性强，学生亲身参与，耳闻目睹，教育效果更为显著。

（3）阶段性与持续性相结合。

目前我国环境教育形式非常好，政府、媒体、公众的环境意识大有提高，在各种关于环境的纪念日都会有热热闹闹的大型活动，例如："世界环境日"、"爱鸟周"、"水日"、"防止土地荒漠化日"等，在中小学中还有"科技周"等。这些特殊的日子是宣传环境保护的大好时机，抓住这些机会可以收到很好的社会效果。但必须要注意环境保护教育阶段性与持续性相结合。如果只是开展大型、轰动、短暂的活动，教育效果还不够。环境保护事业是一项艰巨、持久、长期的事业，环境问题难以在一天内的到解决，需要人类长期不懈、百折不挠的努力。

14. 高校节能减排教育的意义和目标

大学生节能减排意识还有进一步上升的空间，节能减排教育成为高校素质教育的一个重要问题。本文从加强大学高校节能减排教育意义和目标，大学生节能减排意识还有进一步上升的空间，节能减排教育成为高校素质教育的一个重要问题。

节能减排指的是减少能源浪费和降低废气排放。节约资源、保护环境是我国的基本国策，关系经济社会可持续发展，关系广大人民群众切身利益。

高校要发挥自己的优势，提高大学生的节能减排意识，节能减排教育是关键，高校要坚持"节能减排学校行动"与节约型校园建设相结合、宣传教育与实践教育相结合，切实加强领导、认真统筹安排、严密组织实施、加强监督检查，真正落实节能环保进校园、进课堂、进宿舍、进大脑。

加强高校节能减排教育的重要性

搞好高校节能减排教育，不但能产生巨大的直接节能环保效益，而且教育青年学生树立节能环保意识，养成珍惜资源、保护环境的自觉行为习惯。

因此，加强大学生的节能减排教育，意义重大、影响深远，可以说是功在当代、利在千秋的大事。

（1）可持续发展战略对高等教育的必然要求。

加强高校节能减排教育是我国可持续发展战略对高等教育的必然要求。我国当前面临着经济社会快速发展和人口增长与资源环境约束的突出矛盾。

目前我国的生态破坏和环境污染已经达到自然生态环境所能承受的极限，为了使经济增长可持续，缓解巨大的环境压力，必须以环境友好的方式推动经济增长。

近几年，我国经济快速增长付出了巨大的资源和环境代价，经济发展与资源环境的矛盾日趋尖锐，如果按此发展，资源支撑不住，环境容纳不下，社会承受不起，经济发展难以为继。

因此，走节能减排、节约发展、清洁发展、安全发展的可持续发展战略，才是实现经济又好又快发展的正确道路。

节能减排建设在采取必要的法律、行政、经济和技术等系列措施的同时，更需要大力加强广大民众节能减排意识的教育，特别是要大力提高广大青少年的节能减排意识。

作为国家的未来建设者和接班人的高校学生，如果缺乏节能减排意识，不能树立起科学的发展观念，那中国很难实现可持续发展的战略。

高校只有把节能减排教育贯穿于学校教育的全过程，努力培育大学生的节能环保意识，帮助大学生树立正确的生态文明的价值观，养成良好的节能减排行为习惯，才能满足我国实现可持续发展战略的要求。

（2）减排教育是素质教育的重要组成部分。

新世纪高校大学生得素质的概念的外延十分宽泛，除了通常说的身体、文化、道德、心理等素质外，具有节能减排意识的环境素质应当成为大学生的基本素质。

目前国际社会开始从经济社会可持续发展的高度看待节能减排教育问题，提高了对节能减排教育重要性的认识，我国也出台政策逐步将节能减排教育纳入从基础教育到高等教育、正规教育到非正规教育等各种形式教育体系中。

在新的历史条件下，高校素质教育的内容不断拓展，特别是可持续发展观念、促进人的全面发展等等，但不管是从社会可持续发展的角度，还是从人的全面发展角度来说，都需要加强节能减排教育。

现在在读大学生是明日社会各行各业的中流砥柱，他们是否具有科学的世界观和发展观，是否具有人与自然和谐共处的可持续发展理念，将对我国未来经济社会发展产生深远的影响。

因此，开展节能减排教育是高校进行素质教育的一个重要方面。

（3）节能减排意识现状要求加强节能减排教育。

有研究表明：目前绝大多数大学生的节能减排意识已经达到了相

当高的程度，但是相对于科学发展理念的要求而言还是有相当大的差距。

极少部分大学生节能减排意识的淡薄，总体水平不高，不能从小事做起、自我做起，形成节能减排的意识和自觉行动，甚至一些环境专业的学生也没有把节能减排作为一项崇高的事业，缺乏使命感和热情，在日常的生活中，损坏公共财物、破坏花草树木和浪费资源、能源的现象时有发生，这种现象令人担忧。

因此，进行长期而深入的节能减排教育，全面提高大学生的节能减排意识，是解决能源过度消耗和污染物排放必不可少的保障条件。

（4）学生特点决定加强节能减排教育的合理性。

大学生正处在世界观、人生观的逐步成熟时期，在这个时期进行必要的节能减排教育，对大学生养成正确的节能减排观大有裨益，这个时期是节能减排教育的关键阶段，必须在高校中开展并强化节能减排教育。

大学生正处于智力发展的高峰和迅速走向成熟的关键时期，他们的可塑性很强，他们的抽象逻辑思维、创造性思维发展明显，思维的独立性和批判性显著提高，思维的广阔性和深刻性进一步增强，理解力不断提高，记忆力也是一生中最旺盛的时期。

大学期间接受节能减排教育，对他们正确人生观、环境观的形成具有极大的影响。

大学生毕业后将成为我国社会主义现代化建设骨干力量，他们当中的很多人将成为不同层次的管理者、决策者，是对社会有者极大影响力的群体。

通过实施节能减排教育，大学生形成了正确节能减排观念，具备节能减排的意识和能力，才能在今后的工作、学习、生活中时刻保持对节能减排的敏感性，自觉地养成节能减排的行为习惯。

学校环境教育节能减排教育的目标

根据环境教育目标精神，节能减排教育目标体系确立为：

（1）节能减排知识。

学生通过各种途径学习节能减排的知识、法律和法规，拥有环境学、生态学、水文学、气象学等基础知识，了解国家关于节能减排的政策和法规。

（2）节能减排的意识。

学生在掌握节能减排基的础知识基础上，积极引导学生从思想上、意识上、情感上尊重节能减排、关心节能减排、理解节能减排，进而形成对待节能减排的正确态度。

（3）节能减排的技能。

教师要通过演示、操作与指导，以及学生的实地参观、亲身实践，使学生具备解决节能减排问题能力，全面掌握节能减排知识和技能。

（4）节能减排的能力。

包括学生对节能减排的认识能力、判断能力及有效参与处理节能减排问题等能力的培养，其中，有效参与处理节能减排问题的能力是最高层次，是个体拥有节能减排意识的表现，也是在运用节能减排知识、技能的过程中形成的。

因而，它是节能减排教育的最高境界、最终目的，需要通过巨大努力才能实现。

15. 大学生生态环境意识的培养和教育

构建社会主义和谐社会，要特别重视人与自然和谐相处，加强生态环境建设和治理工作。大学生是社会主义事业的建设者和接班人，是全面建设小康社会的生力军，扎扎实实地做好大学生的生态环境文明意识的培养和教育工作，是一件功在当代、利在千秋的大事。

大学生生态环境意识教育的现状

近些年来，许多高校对学生进行生态环境保护教育，开设环保课程，大部分学生的生态文明意识、环境保护和责任意识有了较大的提高，有的学生能积极参加生态环境保护活动。但有的学校对生态环境教育不够重视，起步较晚，措施不力，致使学生生态环境意识淡薄，破坏生态环境、浪费自然资源的现象和行为时有发生，其表现：

（1）浪费自然资源的行为。

长流水、长明灯、乱扔馒头、乱倒饭菜、没有用完的本子，随便扔掉的现象时有发生。

（2）破坏生态环境的行为。

有的学生不爱惜公物，甚至破坏公共财产，毁坏公共设施。有的践踏草坪，攀折花木。

（3）污染生态环境的行为。

有的随地吐痰、乱吐口香糖胶、乱扔果皮、纸屑、废弃物、乱扔废电池、在露天焚烧杂物。

（4）盲目攀比的行为。

攀比消费，比吃喝阔气、比时髦，花钱大手大脚，摆谱显阔。节日或生日，贺卡满天飞，殊不知节约用纸或少寄贺卡就是间接保护了森林和河流。由此，对他们进行生态环境意识教育，树立可持续发展的科学发展观，建设生态文明社会，显得尤为重要和急迫。

生态环境意识教育的主要内容

（1）忧患意识和责任意识。

目前，人类面临全球变暖、臭氧层破坏、生物多样性减少、酸雨蔓延、森林锐减、土壤荒漠化、大气污染、淡水资源枯竭与污染、海洋污染、固体废气物污染十大生态环境问题。据不完全统计，由于严重的环境污染和生态破坏我国每年经济损失达265亿元。生态环境形势严峻，不容乐观。在人类与生态环境的矛盾中，人类起主导作用，负主要责任。我们只有一个地球，破坏生态环境就是自取灭亡，保护生态环境就是保护人类自己。

（2）人均资源意识。

传统社会不认为环境是资源，认为环境质量和自然资源是无限的，取之不尽、用之不竭；是无价值的、可以无偿使用；是无主的，认为对环境质量和自然资源的使用是大自然的恩赐，没有枯竭之虑。生态环境意识的产生，要求改变对环境资源的这种态度。它强调环境资源是有限的，必须加以保护和珍惜使用；它是有价值的，必须有偿使用；它是有主的，属于国家财产。为此就要求提高资源的利用效率，在社会物质生产中对资源要分层利用、循环利用，使资源最大限度地发挥作用。

中国是一个发展中的大国，人口众多、经济落后是基本国情。中国环境资源种类繁多，总量丰富，属资源大国。但中国人均环境资源占有量低于世界平均水平，属资源"小国"。中国钢铁、煤炭、石油、粮食、棉花等主要工农业产品产量虽居世界前列，但人均占有量也较低。为此，在环境资源开发利用和经济社会发展方向上，要牢固地树立起人均与国情意识。

（3）全球生态环境意识。

人类赖以生存的地球是一个自然、社会、经济、文化等多因素构成的复合系统，全人类是一个相互联系、相互依存的整体。世界各国人民在开发利用其本国自然资源的同时，要承担有不使其自身活动危害其他地区人类和环境的义务。

因此，生态环境意识的培养不仅要关注小范围的环境污染，还要关注大范围的全球环境问题，如地球变暖、臭氧层破坏、酸雨、生物多样性消失等；不仅关注日常生活中局部和近期影响层次上的环境问题，而且要关注整体和远期影响层次上的问题，关注全球性的经济与社会发展、子孙后代和全人类的未来发展。

（4）生态环境科技与经济意识。

人类要依靠科技进步、节约能源、减少废异物排放和文明消费，建立经济、社会、资源与环境协调、持续、发展的新模式。要强调科学技术发展的"生态化"，强调整体性思维，把人类、社会和自然看作是一个有机整体加以认识和对待。不断完善科学技术成果的应用，使整个科学技术沿着符合生态保护的方向发展。通过采用绿色技术进行清洁生产，通过提高资源利用率减少废弃物排放，达到提高经济效率和保护环境的双重目的。

（5）生态环境法治意识。

要大力开展法治教育，提高公民的环境和自然资源保护的法律意识。要使大家懂得每个公民、法人和组织都享有利用环境的权利，同时也必须履行保护环境的义务；懂得什么是法律所鼓励或允许的，什么是法律所反对或禁止的，学会运用环境保护法来维护自身的环境权益，并敢于对污染和破坏环境的行为进行检举和控告。

（6）人口意识。

人既是生产者，也是消费者。因而，环境意识在人口政策上要求计划生育的同时，把人口增长与教育结合起来，通过发展教育事业来提高人口素质。既控制人口的数量，又提高人口的质量，这是解决人口问题的根本途径。

（7）生态环境道德意识。

生态环境道德作为人类可持续生活的道德，是一种新的世界道德。它认为不仅要对人类讲道德，而且要对生命和自然界讲道德。这种道德原则不仅以人类的利益为目标，而且以人类与自然和谐发展为目标。地球自然有其内在价值。地球不是人类的财产，而是一个有机共同体，是生命的单元。地球不属于我们人类，相反，我们人类属于地球。我们人类和其他生物都在一个家园中。

生态环境道德要求人类尊重自然，用爱护自然的活动取代征服自然的行为；用人类保护自然的自觉调节来取代自然本身的自发调节；用人类对自然的义务感来偿还人对自然的占有和利用。生态道德的伦理原则和规范一旦进入实践发挥作用，就会导致人类经济生活发生许多重大变化。生态环境道德，是可持续发展对人类的道德要求，是新时代人类处理环境、生态问题的新视角、新思想、新举措，标志着新时代人类的道德进步。

（8）科学消费和绿色生活方式意识。

树立科学的消费观，引导人们树立可持续发展意识，正确认识和处理发展经济、提高生活水平和环境保护的关系，提倡适度消费、理性消费、节约型消费，改变"一次性消费"等挥霍性消费观念和行为。提倡合理享受，反对无理性的过度消费和仅仅为了自己、为了今天的极度自私的享乐主义观。提倡人们过简朴的、绿色的、生态的、环保的文明生活，养成勤俭节约的良好习惯，形成节约为荣、浪费为耻的道德风尚，达到节约资源和环境保护的目的。

（9）可持续发展意识。

发展不仅限于增长，持续更不是停顿。持续依赖于发展，发展才能持续。传统发展战略是以谋取国民生产总值或工农业总产值高速增长为目标，片面实施高积累和高投资，是一种高物耗和高能耗的经济，从而带来资源和能源消耗大、环境污染和生态破坏严重、经济效益低，使发展本身难以持久等一系列弊端，破坏了人与环境的和谐。可持续发展环境意识认为要采取新的途径，在发展经济的同时实现环境保护，达到经济效益、环境效益和社会效益的统一。可持续发展的内涵是生态可持续性、经济可持续性、社会可持续性三个相互联系的有机整体。

（10）生态文明参与意识。

生态文明建设是一项全民的事业，涉及每一个人的切身利益，需要每一个人的积极参与。自觉参与生态文明建设的实践，是搞好生态文明与可持续发展的重要条件。人们在生态文明意识提高的基础上，必然产生保护、改善和建设生态环境的使命感和责任心。因此，需要提高大家参与生态文明工作的主动性和积极性，在日常生活中，要时时刻刻自觉地参与生态文明的各种活动。

意识培养和教育的具体措施

（1）明确大力培育生态环境文明意识。

培育生态环境意识，保护生态环境，走可持续发展道路，是我国建设社会主义现代化的必由之路。反思西方发达国家工业化进程所走过的"先污染后治理"的道路，其教训是深刻的：在取得高度物质文明的同时也付出了牺牲生态环境的沉重代价。因此，大力培育生态环境意识，正确处理人与自然的关系，走可持续发展之路，是我国现代化建设的必然要求。培育生态环境意识，是生态文明建设的一项基础性工程。

生态环境意识是发展生态文明的精神依托和基础。近年来，生态环境恶化的趋势未能从根本上得到遏止，一个深层次的原因，就是公民生态文明意识的缺失。只有大力培育全民族的生态文明意识，使人们对生态环境的保护转化为自觉的行动，才能解决生态保护的根本问题，才能为生态文明的发展奠定坚实的基础。

高等院校应有计划地设置有关环境保护的专业或课程，对学生进行系统的生态环境教育。只有使学生懂得生态环境保护的重要性，树立正确的生态价值观，才能在他们的心灵深处构筑起牢固的生态屏障，摒弃不良的生活习惯，养成良好的生态文明行为，提高生态文明的素质。

（2）从我做起，从小事做起。

在新形势下培育生态环境文明意识，必须善于从日常生活中找寻丰富的教育资源，在实践中接受教育。也就是说，必须坚持从我做起，从小事做起，以自己的实际行动实践生态文明的基本要求。对学生要倡导新的生活方式，不追求华丽，进行适度消费。要积极引导鼓励学生参与生态环境保护活动。要引导学生从自己做起，从身边的小事做起。教育学生从关心自己到关心学校环境，关心社会和国家，关心世界，关心整个宇宙。只有这样，才能造就出有理想、有道德、有文化、有纪律的社会主义"绿色"公民。

第二章

学生爱护自然的教育

1. 地球生命现于何时

如果从最早的猿人开始计算，人类已经有了二三百万年的历史。众所周知，如果把地球 *46* 亿年的演化史比做 *24* 小时的话，人类的出现则只有半分钟。早在人类出现之前，各种生命就出现了，它们诞生、死亡，一种动物灭绝，另一种动物形成，就这样新陈代谢，相互交替活跃在地球的舞台上。地质学家在一些地方发现了它们死后留下的遗骨和遗迹，这就是古生物化石，根据化石可以推断古代生命的生成时间和当时的地球环境，因此这种石头被称为记载地球历史的特殊文字。

地质学家最先在澳大利亚这样的石头中，发现埃迪卡拉动物群，后来又在前苏联发现了里菲生物群。我国的古生物学者也曾在陕南的化石中发现有生物活动的遗迹。通过对这些生物化石的年龄测定，确认它们是在距今 *5~6* 亿多年的寒武纪时代形成的。地质学家的研究结果证明，这些化石中的生物还不是最原始的生命，它们已经是较高阶段的生命代表了，在它们之前还应该有更古老的生命存在。

后来，人们把一些留有生物遗迹的化石送到电子显微镜下观察，在一些"年龄"为二三十亿年的化石中发现了更为原始的生命遗迹。

1940 年，麦克格雷尔在津巴布韦的石灰岩中，发现了可能是藻类留下的碳质遗迹，岩石年龄为 *27* 亿年。

1966 年，巴洪和肖夫在南非德特兰士瓦的浅碎石中，发现了 *0.24×0.56* 微米的棒状细菌结构物，年龄确定为 *31* 亿年。两年之后，恩格尔也在南非年龄为 *32* 亿年的前浮瓦乞系的堆积岩中，发现了直径为 *10* 微米的球状体，并认为是一种微生物化石。不过，当时人们普遍怀疑这些研究成果，认为这些只不过是一种无机物或胶状有机物，因为

人们不相信生命的出现能有如此之早。

20世纪60年代以后，巴洪等人终于又在距今34亿年的斯威士兰系的古老堆积物中，用显微镜发现了200多个直径约为2.5微米的椭圆形古细胞化石，其中有1/4的古细胞处于分裂状态。这个发现为证明30多亿年前的生物遗迹的存在，提供了有力的证据。

美洲的古老化石最初发现于加拿大安大略的肯弗林特的黑色浅燧石中。这些微化石的形态同蓝藻相似，经岩石年龄测定为19亿年，显然不是最老的生物化石。后来又在美国明尼苏达州的苏堂页岩中的黄铁矿中，发现了0.1～1.5微米的椭圆状细菌结构物，据推测，其年龄大约为27亿年。

我国1975年在鞍山含铁岩系中发现了化石细菌，年代确定为24亿年。与现代细菌对比，其中有4种属于铁细菌，外形有杆状、纤毛状和球状等。

但是，在已发现的古老化石中，年代最久远的还是1980年左右在澳大利亚西部发现的细菌化石，据测定，它的年代约在35亿年之前。它们中有一半呈深灰色球状，直径在1.2～4微米之间，许多个体都成对或多个连在一起；也有的呈椭球状、空心球状等形态。这些发现足以证明，35亿年前不仅生命早已存在，而且已开始有了不同种类的分化。

前几年，美国科学家对来自格陵兰岛伊苏亚地方海洋和冰帽间狭窄的无冰地带年龄为38亿年的古老岩石进行详细的碳、硫等元素的测定，发现这些岩石中含有机碳。他们根据这种同生命密切相关的有机碳的发现，提出了38亿年前就已有生命存在的新观点。

地球上生命的出现会不会早于38亿年呢？人们还没有在比38亿年更古老的岩石中找到证据。生命起源的时间之谜，还有待人类的进一步探索。

2. 难以解释的奇异水柱

1960 年 12 月 4 日，"马尔模"号在地中海海域航行时，船长和船员们看到一个奇异的、好像白色积云的柱状体从海面垂直升起，但几秒种后就消失了。几秒种后，它又再次出现。于是船员们用望远镜观察，发现它是一个有着很规则的周期间隔的升入空中的水柱，每次喷射的时间约持续 7 秒种左右，然后消失；大约 2 分 20 秒后又重新出现。用六分仪测得水柱高度为 150.6 米。

这股奇异的水柱是怎样形成的？科学界争论不休。有人认为它是"海龙卷"。威力巨大的龙卷风经过海面上空时，会从海洋中吸起一股水柱，形成所谓的"海龙卷"。

但"海龙卷"应成漏斗状，这与船员们观察到的情况不同。而且从有关的气象资料来看，当时似乎无形成"海龙卷"的条件。于是，有人提出水柱的产生是火山喷气作用的结果。

其理由是地中海是一个有着众多的现代活火山的地区，但在水柱产生的海域却又没有发现火山活动的记录。而且"马尔模"号的船员们在看到水柱时，也没听到任何爆炸的声音。再者，如果确是水下火山喷发，周围的海域也不会如此平静。

因此，有人推测，这是一次人为的水下爆炸所造成的。但水柱周期性间歇喷发的特征和当时没有爆炸声，也似乎排斥了这种可能。

因此"马尔模"船员的发现给人们留下了一个难解之谜。

3. 大地沉浮之谜

相传 1831 年 7 月 7 日，在地中海西西里岛西南方的海面上，突然间烟雾腾空，水柱冲天，火光闪闪，在一阵震耳欲聋的轰鸣，夹杂着刺耳的"咝咝"声中，从海里升起一座高出海面 60 米、方圆约 5 千米的小岛，热气腾腾的像个刚出笼的大馒头。英国国王立即向全世界宣布：这个新诞生的小岛是英国的领土，并命名为尤丽娘岛。谁知在 3 个月后，尤丽娘岛竟然不辞而别，悄悄地隐没在万顷碧波中不见了。

　　海岛为什么会隐而复现，现而复隐呢？这是地壳不停运动的缘故。其实，在漫长的地质史中，海洋变为陆地，陆地变为海洋，洼地隆起成山，山脉夷为平地，是屡见不鲜的。

　　西欧荷兰的海滨，从公元 8 世纪以来，一直以每年约 2 毫米的速度下沉着。现在荷兰的大部分地区已经低于海平面，若不是有坚固的堤坝来阻挡海水的入侵，这些低地早已沉入海底而不复存在了。喜马拉雅山脉是世界上年轻而又高大的山脉。我国科学工作者在喜马拉雅山地区考察时发现，这里有三叶虫、腕足类、舌羊齿等生活在浅海中的动植物化石，说明早在 3000 多万年以前，这地方还是一片浩瀚的海洋。以后由于地壳的运动才隆起成为陆地。当喜马拉雅山刚刚露出海面来到世间的时候，只不过是个普通的山岭。近几百万年以来，它却以每一万年几十米的速度迅速升高，终于超过了其他的名山古岳，获得了"世界屋脊"的光荣称号。但它并不满足，仍以每年 18.2 毫米的速度继续升高着！

　　公元前 2 世纪，意大利的那不勒斯海湾修建了一座名叫塞拉比斯的古庙。现在这座古庙早已倒塌，只剩下三根高达 12 米的大理石柱子，至今仍矗立在海滩之上。这三根柱子的上部和下部，表面都非常光滑洁净，惟有当中的一截，从高达 3 米向上到 6.1 米的地方，坑坑洼洼，布满了海生软体动物穿石蛤所穿凿的洞穴。这是怎么回事呢？原来在 2000 多年前，当塞拉比斯庙修建的时候，这里还是一片陆地，以后地壳逐渐下沉，柱子的下面一截，被海水中的泥沙和维苏威火山灰所覆盖。到了 13 世纪的时候，海水已淹到 6 米以上，海生软体动物就附着在石柱上。以后，由于地壳上升，海水逐渐退去。现在这三根柱子当中一截上的小洞穴，就成了那不勒斯海湾历经沧桑的标志。

在沧桑之变的史册中，关于大西洲是否真的存在问题，还是一个有待我们用科学去把它解开的千古之谜。

古希腊著名的哲学家兼数学家柏拉图（公元前 427～公元前 347 年）曾在他的两篇对话著作中，详细地记载着一个传说：大约距当时 9000 年前，大西洋中有一个非常大的岛屿，叫大西洲。那里气候温和，森林茂密，奇花异草，景色万千，还盛产黄金。岛上有个文化相当发达的强国，由十个酋长统治着，每隔十年聚会一次，共商国家大事，酋长们都有一座富丽堂皇的宫殿，建筑在山顶之上。这个国家不仅统治着附近的岛屿，而且还支配着对岸大陆上的一些地方。它凭着自己强大的经济和军事力量，曾经对欧洲和非洲发动过侵略战争，其势力范围直达北非的埃及和欧洲的某些地区。后来，由于发生了一次强烈的地震，仅在一天一夜之间，大西洲就沉没在大西洋底。

不管是喜马拉雅山的崛起，或者是尚未解开的大西洲之谜，都说明沧海会变成桑田，桑田也会变成沧海的客观规律。沧桑之变的原因，主要是由于地壳不停地运动的结果。由于地壳的运动，使某些地区的陆地沉降或者抬升，引起周围海面的变化；由于地壳的运动，使某些地区的海面上升或者后退，引起陆地的沉浮。时间老人告诉我们地壳运动是缓慢的，地质历史是漫长的。沧桑之变，从地球诞生以来，就从来没有停止过，直到今天依然存在着，在将来也一定不会终止。

4. 地光形成之谜

1983年12月29日晚9至10时左右，在辽宁省铁岭县鸡冠山乡一带出现一道绿色的强光，由西向东跳动着。西边龙王顶村和离此村20千米外的岱海寨村等地有许多人也看得非常清楚。

气象工作者通过对铁岭县所处地理位置和当天晚上天空状况的分析，认定这种绿光属于地光。地光是一种低层大气发光现象。地光的形态是多种多样的，有带状光、条状光、片状光、球状光、火状光和柱状光等。地光的颜色也是五光十色的，红、橙、黄、绿、青、蓝、紫都有。通常看见的地光有的蓝里带白，很像电焊火花，非常刺眼；有的红似朝霞，映满天空；有的形如彩虹，五颜六色；有的犹如一条光带，划破长空；有的又似一团火球，或沿地翻滚，飘忽不定，或腾空而起，悬在半空，但绿色的地光还是极为罕见的。

地光到底是怎样形成的呢？许多年来，这一直是个不解之谜。

由于地光通常是在地震发生前后出现的，所以有人认为地光与地壳的组成有密切关系。高频和低频震波都有可能引起地光。

有的科学工作者认为，地壳中的岩石能够产生很强的高压电场，从而使空气受激发光。

有人认为地光可能是由超声波激发空气而产生的。

有人指出，深层地下水的流动也可导致大地电流的产生从而引发地光。

还有人从大气静电场强度的变化和大气中带电离子浓度的变化来研究探讨地光产生的原因。

也有人指出，地光的形式多种多样，因此，它的成因也绝不会是惟一的。

目前地光起因之说众说纷纭，各持己见，还需要气象专家继续探究。

5. 岩石的形成之谜

地球上的岩石千姿百态，五彩缤纷，它们是怎样形成的呢？

自古以来，科学家们都在探索这一奥秘。科学界还有过一场激烈的争论，持不同观点的科学家互不相让，有人称这场争论为"水火之争"。

1775 年德国的地质学家魏格纳，提出了这样的观点：花岗岩和各种金属矿物都是从原始海水中沉淀而成的。人们称他的观点为"水成派"。后来，以英国的地质学家詹姆士·赫顿为代表的一些科学家，针锋相对地提出相反意见。他们认为花岗岩等不可能是在水里产生的，而是岩浆冷却后形成的。人们称这种观点为"火成派"。

"水成派"与"火成派"一直争论了几十年，两派之间的斗争十分激烈。现在看来，由于受当时科学水平的限制，这两派观点都带有不同程度的片面性。不过，他们的争论使地质学又向前推进了一步。

现在，科学家们借助于先进的设备，已摸清了岩石的来龙去脉。

如果按质量计算，在地壳中约有 3/4 的岩石是由地球内部的岩浆冷却后凝结而成的，人们称它为"岩浆岩"或者"火成岩"。花岗岩就是属于岩浆岩。在地球上，目前还可以看到火山爆发后喷出的温度高达 1000℃ 以上的液态的岩浆，经过冷却后形成的坚硬岩石。岩浆岩在地下形成，因此，它分布于地表的不多，一般都埋藏在比较深的地下。

有少数的岩石是泥沙、矿物质和生物遗体等长期沉积在江湖和海洋底下，经过长期紧压胶结，以及在地球内部热力的作用下，变成了岩石，人们称它为"沉积岩"，如砂岩、页岩和石灰岩等。沉积岩尽管所占的比例不多，可它多数分布在地表面，因此，我们平时容易见到。

岩浆岩和沉积岩形成之后，受地壳内部的高温高压的作用，改变了性质和结构，就形成了另一种岩石——变质岩，如石英岩、大理石岩等。

岩浆岩、沉积岩、变质岩这 3 种岩石之间还可以互相转化，比如，埋在地下的变质岩可以被地壳运动推到地表面，在地表面再形成新的沉积岩。因此，著名生物学家林奈说过："坚硬的岩石不是原始的，而是时间的女儿。"

的确，岩石正是经过长期的各种条件的作用，由其他物质转变而成的。

6. 月亮与地震有关吗

月亮对地球的引力，会造成地球上的海洋潮起潮伏。大海有规律地起伏着，就像在进行着一呼一吸的生命运动。然而人们并不清楚在海水涨落起伏之时，固体的陆地也会受月亮的影响，做着相应的起伏运动。

1933 年，美国海军观察站的测量员发现圣地亚哥和首都华盛顿之间的距离与 7 年前测定的数据相差了 15 米。这在讲究分毫不差的大地测量学上是一个巨大的数字。后来研究者才发现，月球把 40 万千米下面的"固体"地球拉起来了，地面就形成了凸起，因此，两端距离缩短。这一定会对已经积累了巨大压力的地壳中某个部位起到导火索的作用，从而使地球上发生地震。

美国科学家发现，在南加里福尼亚州的一个狭窄的地区内，地震的发生与 12 小时、半月和 18.6 年的月球周期有着密切的关系。

我国自1966年以来,在河北平原发生了4次6级以上的大地震,全部发生在初一或十五的前后,并且与附近塘沽港海潮的高潮时刻相接近。

科学家们发现,在月亮形状为逆、望、上弦、下弦前后的日子,地震发生的几率比其他日期发生的要高。

月亮是怎样诱发地震的呢?这还有待于科学家们继续研究。

7. 地震的成因之谜

一提起天灾人祸,人们就会想到巨大的破坏、恐怖的伤亡,因为天灾人祸确实给人们带来了巨大的痛苦。而其中又尤其以天灾因其不可预测性令人感到畏惧。

说到天灾,我们熟悉的有火山爆发、地震、海啸、龙卷风等等。为了避免这些天灾所带来的损失,尽量减少人员的伤亡,科学家们对这些天灾形成的原因,进行了大量而艰苦的研究工作。但由于各方面的限制,现在仍有许多未解之谜在困扰着科学家们,其中地震的成因之谜就是一个。

我们都知道,地震的破坏性是十分巨大的。大地震如果在陆地上发生,顷刻间就会颠覆成千上万的高楼大厦、农舍田庄,会破坏道路、良田、工厂、矿山,造成惨重的人畜伤亡;地震如果在海底爆发,刹那间就会引起海啸,吞没船只,席卷海滨;地震如果在山川发生,又会震得山崩地裂、江河断流、堤坝崩溃,另外,地震还会诱发火灾、水灾,最终给人类带来更大的灾难。

1976年7月28日3时42分,我国唐山发生了一场大地震,整个唐山市在一夜之间化为废墟,许多市民是在酣睡中葬身于瓦砾之中的。

地震给人类造成了巨大的损失,如何预测它的发生以减少损失呢?这首先要搞清楚地震是怎么回事,它又是怎么发生的。在古代,科学还不够发达，人们对地震的认识很幼稚。对于地震有以下一些说法，像什么"巨鳌翻身"、"地牛打滚"。当然，这都是当时人们对于地震产生原因的种种可笑的说法。

随着自然科学的发展，自19世纪后半叶起，人们开始对地震时观测到的种种现象进行分析，得出这样一个结论，就是地震是地壳运动引起的。但围绕地壳运动的问题又出现了形形色色的观点，我国著名地质学家李四光将之归结为六种观点。

一种观点认为：地球是一团热质冷却固结而成的，冷却的次序是先外后里。在这个冷却过程中，地球体积逐渐缩小，以致首先形成一个壳子，而且到处发生褶皱、断裂，因而引起地壳运动。打个比方说吧，这就像一个瘦子穿上一件胖子穿的衣服后，衣服会发生褶皱一样。

然而，这个论点还存在着漏洞，那就是按照这种说法发生的这种褶皱和断裂，应该是杂乱无章的，但事实并非如此。地壳中的这种情况是有一定方向的。而且由于地球内含有大量的放射性元素，它们会不断蜕变产生热量，这不仅可以抵消地球失去的热量，而且可能大于失去的热量，因而这种由于地球冷却收缩而引起地壳运动的观点就说不通了。

与这个观点相反，还有一种观点认为是由于地球不断膨胀才引起了地壳运动，但这样的话，地球的表面应该出现无数不规则的裂口，然而这又与事实相悖。

后来有人认为是太阳和月亮对地球的吸引力引起的固体潮使得地壳发生运动；第四种观点又认为这是因为地壳的内部物质不断发生对流；第五种观点认为这是地壳均衡运动的结果。

以上五种观点有的和事实不够相符，有的是仅仅限于假定，有的论证不够充分，因此都被科学家们一一否定了。

后来，在20世纪20年代初，又产生了大陆漂移的假说。大陆漂移假说认为：地层产生褶皱并不需要收缩，当大陆移动时，前缘如果受到阻力就会发生褶皱，就好像船在水上行驶时，在船头产生波浪那样。向西推进的南北美大陆，一方面在其东面形成了大西洋，另一方面在其西岸形成连绵不断的落基山脉和安第斯山脉。另外，向北推动的印度大陆和亚洲大陆相撞就形成了喜马拉雅山。

在 20 世纪 30 年代，经过激烈的辩论之后，大陆漂移说又宣告破产。它破产的原因有三个：一是缺少对大陆漂移原动力的说明；二是认为地球不是坚硬的；三是根据高温起源说，地球在很久以前才是软的，如果发生大陆漂移的话，也应是在地球形成的初期。

20 世纪 50 年代末，古地磁研究证实，南北磁极的位置始终在移动。照理这样的移动线路应该只有一条，但奇怪的是，在北美和欧洲大陆上分别测定的北磁极迁移路线却有两条，它们不相重合，但形状相似，处处平行。要使它们合并成一条，除非把北美大陆向东移动3000 千米。然而这样就挤走了大西洋的位置，并使北美大陆和欧洲大陆连在了一起，这正与大陆漂移说不谋而合。因此，大陆漂移说因这一发现而活跃起来。

然而，由于地球磁极的问题一直没有定论，大陆漂移说在解释一些实际问题的时候也碰到了困难。

20 世纪 60 年代，又有人提出了"海底扩张"的假说，持此种观点的科学家认为，由于海底的不断更新和扩张，造成古磁场和年龄数据的对称分布。而当扩张的大洋地壳到达火山边缘时，便使俯冲到大陆壳下的地幔逐渐熔化而消亡，因而无法找到古老的大洋地壳。

这个假说经过充分的观测研究证明是可信的，而到了 20 世纪 70 年代，在大陆漂移说和海底扩张说的基础上，又产生了"板块构造"学说。

板块构造说强调全球岩石图并非一块整体，而是由欧亚、非洲、美洲、太平洋、印度洋和南极洲六大板块组成。这些板块驮在地幔顶部的软流层上，随着地幔的对流而不停漂移。板块内部地壳比较稳定，板块交界处是地壳活动较多的地带，大地构造活动的基本原因是几个巨大的岩石层板块相互作用引起的。由于地震是大地构造活动的表现之一，所以板块的相互作用也是地震的基本成因。

板块构造说是一门新学说，它为地震成因提出了一个新的研究方向。但是，板块构造说毕竟也是一种假说，还有诸如地质力学等多种学派对地壳运动进行的其他解释。因此，地震发生的原因迄今仍是一个谜，人们尚未能找到最终的答案。我们有理由相信，随着科学的高速发展，破解地震成因之谜的那天终会到来。

8. 地震前有地光闪耀之谜

1976 年 *7* 月 *28* 日，子夜已过，表针指向了凌晨 *3* 点钟。我国北方工业重镇唐山处于极度沉闷空气的笼罩之中。这时在室外乘凉的人们看见东北方向一道道五彩缤纷的光束升了起来，就像强大的信号灯一样，把大地照得亮如白昼。这些光束形态，有的呈片状散开，有的如彩虹飞架，有的似光柱冲天而起，有的像圆球飘忽不定。光束的颜色七彩纷呈，尤其是像银蓝色、白紫色等平时罕见的复合色令人眼花缭乱。高度众说不一，持续时间有长有短。这种火球曾在唐山市郊区引燃成患，烧焦了农田的稻谷。一些小学生见此情景，以为是天亮了，背起书包就往学校走，结果弄了一场笑话。光焰散去，大地开始颤动，几秒钟后，唐山变成了一片废墟。

这是为什么呢？

原来，这是一种强烈地震的前兆，被称为地光。

许多强烈地震都伴随有发光现象。这种特殊的令人毛骨悚然的自然现象，早在几千年前就已经被人们注意到了。我国是世界上记载地光最早的国家，古书《诗经小雅·十月之交》里就曾记述了 2800 年前陕西岐山地震时奇异的地光现象。书中写道，"烨烨震电，不宁不令。百川沸腾，山冢萃崩。高岸为谷，深谷为陵。"其中的"烨烨震电"之语，就是指的闪闪的地光。因为书中所写的十月系周历，相当于现在的农历八月，这时岐山、宝鸡一带雷暴季节已过，"十月雷电"显然是误传，应该是地震前的地光现象。后来在其他史料中，也有不少关于地光的记载，如"碧光闪烁如是"、"夜半天明如昼"、"夜半天忽通红"、"红光追邑"、"天上红光如匹练"等，多得数不胜数。

在国外，地光也引起了人们的广泛注意。这种记载最早见于罗马历史学家塔西伦的《编年史》，它记述的是公元 17 年小亚细亚发生了强烈地震。书中说地震前有人曾看到天空火光闪闪。日本的地光记载也很早，据日本地震学家安井丰推测，日本最早的地光记录可以追溯到 1500 年前，可惜这种推测查无实据。真正书录在案的是公元 869 年的《三代实录》，书中在记述陆奥地区的地震海啸时，曾提到过发光现象，距今已有 1100 多年。

人们在很早以前就知道利用地光现象来预测地震，我国古人总结的六条地震前兆，其中有一条讲的就是地光。"夜半晦黑，天忽开朗，光明照耀，无异日中，势必地震。"这类描述曾在不少书中出现过。但地光作为一种奇异的自然现象，被人们进行科学探索，则是 18 世纪以后的事。据《日本地震史料》记载，1703 年 12 月 5 日元禄 8.2 级大地震前，有一位学者在研究了当地天空中奇异的发光现象以后，曾向幕府官员发出警告说，夜里将有强烈雷暴和地震发生。他在当时就注意到了地震与发光的关系，这是难能可贵的。18 世纪中叶，当时的英国和北欧一带频繁地发生地震，并屡次伴随有地光的闪烁。在英国皇家学会开会讨论这个问题的时候,英国学者威廉·斯图克雷第一次试图用地表电流来解释地光产生的原因,自然,他的认识是错误的。20世纪初,意大利学者里佐率先对地震发光现象进行特别详细的调查,他对意大利1905年9月8日卡拉布里亚地震的发光现象进行了广泛研究。在他的影响下,另一位学者加里也广泛收集了欧洲148例地震发光资料,在1910年的《意大利地震学会汇报》中发表了研究论文。

20世纪30年代以后,地震发光的研究进入了全面发展的阶段,人们对于地光的真实存在不再感到怀疑了,并开始出现了解释这种现象的理论假说。在这些研究中尤以日本领先。1965年以后,日本学者安井与近藤五郎、栗林亨等利用地磁仪、回转集电器等进行了观测研究,并拍摄了世界上第一张地光照片。1974年,我国学者马宗晋在研究了邢台地震以来历次较大地震的临震宏观现象以后,提出了"地光不仅仅是地震派生的结果,而应看作是临震共同发展的统一过程"。这就是说,应把地光同与它同时出现的其他现象联系起来考虑。随着地光现象资料的不断积累,人们从地光的复杂形态中领悟到它的成因也并非是单一的。由于地光发生的时间短促,机会难逢,过去的地光资料也常常缺少详细确切的说明,尤其是直到今天,还未解决仪器观测技术问题,因此地震中地光成因的研究还没有确切结果,仍然处于假说阶段。

地光是由岩块相对摩擦产生的。米尔恩是一位长年工作在野外的地质学家,有一天,他在野外采集岩石、矿物标本,手中的锤子落在坚硬的岩石上时,点点火星迸溅出来。米尔恩从这种现象中得到了启发,第一个提出了地光是地震时岩块相对运动发生摩擦而产生的发光现象。1954年,前苏联学者邦奇科夫斯基也把地震发光比喻为马蹄与石头道路撞击而产生的火花。

这种说法是探索地光成因的一次有益尝试,但它的解释只是对某种形态的地光说得通，对地光的其他形态则难以奏效。例如，有些地光发生在半空中，似乎与地面岩石的摩擦无关；有些地光还伴随有类似日光灯的自动闪烁，这显然也无法用摩擦生光来解释。另外这种观点也很难说明在震区广阔的范围内都可观察到地光以及球形光和柱状光的缘由。因为按照岩块摩擦发光的假说，地光应该主要分布在裂隙带附近，并与裂隙的分布方向一致，发光的部位应接近地面。例如，1975 年辽宁海城地震时，有人看到本县大青山菱镁矿分布区出现强烈的白色光带，它与该地大量裂隙的分布基本一致，并紧贴地面，持续 2～3 秒钟，没有明显闪烁，然后突然消失。这种地光可以用岩块摩擦生光观点解释，但以此来解释所有的地光，显然是不全面的。

根据水的毛细管电位理论。日本学者寺田寅彦闲来无事，对物理学中的电动现象甚感兴趣。他看到液体和固体相对运动时，常伴随有一些电现象，即在液体和固体的接触面上会出现两层异种电荷。如果液体在压力下通过一个固体毛细管，那么就会在毛细管的两端出现电位差，这就是流动电位。这位学者由此萌发了水的毛细管电位理论，试图能在地光成因问题上一显身手。他认为，一场强烈地震所影响的深度可与地面波及的范围相当。在地震影响的深度范围内，地下水受到挤压，便通过岩石的孔隙向上移动，产生流动电位。寺田推测，地下水所受到的压力，相当于 100 千米厚的岩柱所产生的压力。根据计算，它所产生的电位差可达到 300 万伏。显然，这样巨大的电位差足以导致产生高空放电，形成地光。寺田的理论得到了日本部分学者的支持，但国际上多数学者对这理论提出了质疑。尤其是美国学者麦克唐纳对寺田计算出来的 300 万伏电位差表示怀疑。这位美国人设想了地球内部产生电位差的各种可能原因，研究了地下核爆炸时所产生的压力对地下水流经岩石和土壤中孔隙的流动电位的影响，结果发现，在 300 多米的深度范围内，能产生的最大电位差仅有几百毫伏。即使地震的影响能达到 100 千米的深度，所产生的电位差也不过几百伏，远比寺田所说的小得多。这样小的电位差，是不可能引起大气发光的。

这个水的毛细管电位理论，就这样夭折了。

石英的压电效应说。芬克尔斯坦和鲍威尔，当年曾是继美国人麦克唐纳之后水的毛细管电位理论的主要反对者。他们在推翻日本学者的理论以后，提出了石英的压电效应说，企图利用地电电位差来解释地光的形成。

1970 年，芬克尔斯坦和鲍威尔首次发现了地震孕育过程中石英的压电效应。科学家们早在物理学的实验中发现，许多晶体在受到挤压或拉伸时，会在两个平面上产生相反的电荷，这种现象被称为压电效应。今天，它已被广泛应用于各种电子设备和仪器中，也被广泛应用于导弹、电子计算机、航天等尖端技术中。压电石英就是这样的一种晶体。由于石英在地壳中分布很广，地震是岩层长期受力突然破裂的表现，可以想象，在地震孕育过程中必然也有压电效应产生。两位学者推断，当石英在地壳中有规律排列时，如果沿长轴排列的石英晶体的总长度，相当于地震波的波长时，就会产生地震电效应。若地震压力的压强为 30～330 帕，就有可能产生 500～5000 伏/厘米的平均电场。这个电场足以引起类似暴风雨时的闪电那样的低空放电现象，产生地光。由于压电效应并不一定在地震发生时才有，所以在地震前的几个小时也可以看到地光。

如果按照这种理论，地光应该只发生在某些特定的分布有定向排列的大量石英晶体的区域内，然而实际上出现地光的强震区其地下岩石并非都是石英岩，而是多种多样的岩石，但无论地下岩石性质如何，都有出现地光的可能，这一实际情况与石英压电效应理论不相吻合。

另外，石英压电效应理论也不能解释在一些震区观察到的极为独特的"电磁暴"现象。

更难解释的奇怪现象。1966年，前苏联塔什干大地震前几小时，塔什干上空突然发生了一场电磁暴。天空中耀眼的白光就像镁光灯一样，使人目眩。更令人奇怪的是，室内的日光灯无故自亮。科学工作者观测到电离层中电子密集度达到顶峰。

这次地光的奇异特征，显然很难用前面的几种假说解释。

1972年，日本学者安井丰等人提出了"低层大气振荡"的看法。他们认为，由于大气中含有各种正负离子，所以大地具有微弱导电性。当大气中的气体分子受到来自太空的宇宙射线和地球本身的放射性元素射线的撞击，结果使这些气体离子带电。地震区常会有以氡为主要成分的放射性物质，地壳震动把它抖入大气中，特别是在含有较多放射性物质的中、酸性岩石分布区和断层附近，大气中的氡含量将显著提高，这也将使大气离子导电性增强。这时如果地面有一个天然电场，那么就会向空中大规模放电，使地光闪烁起来。

我国地震工作者在研究了辽宁海城地震以后，发现震前氡含量明显增加，大气中电离子也明显增加，在震区上空形成电荷密集区，大气的导电率增加以后，在地面电场作用下便可能发生放电发光，大面积放电和氡蜕变放出的射线都可能产生荧光，使日光灯管闪亮。

这个低空大气发光理论，是目前比较成立的假说。不过，也有人认为日光灯管发亮的原因与地震时的高频地震波有关。

此外，最近又有人提出，黏土矿物也是地光的光源之一；还有人重新提出岩块摩擦生热与地光的关系，并考虑了电场的形成。这些观点也都不能圆满地解释地光的成因。

从现有资料看，地光是地震时有着多种成因的发光现象的总称。

要想彻底揭开它的形成之谜，就必须加强对地光的科学观察，特别是要用现代的先进技术装备，及时地捕捉有关地光的各种信号，并仔细地区分不同类型，最后终将洞悉地光的秘密。

中国地球物理学家郭自强最近通过岩石压裂实验研究，得知岩石在受到压力发生破裂时，会放出强烈的电子流。地震发生之前，岩石受到地壳应力作用而破裂，也会产生强电子流，这些电子流可以通过地壳裂缝进入大气，使空气分子电离而产生地光，这是目前世界上对地光的最新解释。

9. 地震和云彩有关系吗

1663 年，《德隆县志》上有这样一段文字："天晴日暖，碧空晴净，忽见黑云如缕，婉如长蛇，久而不散，势必地震。"可见 300 多年以前，我国古人就将云和地震联系在一起了。

那么，地震云真的能预报地震吗？请看下面的事例：

1978 年 3 月 6 日，日本奈良市市长健田忠三朗在举行记者招待会时，他指着北方天空里的一缕云说："这就是地震云。不久将会有一次影响日本广大地区的强烈地震。"就在第二天，靠近日本的大海里果然发生了一次 7.0 级地震。也是利用地震云预报这次地震的还有我国中科院物理研究所的地震学家吕大炯。他在 1978 年 3 月 3 日早晨，于北京中关村上空也观测到了条带状云彩，再根据地应力和地电异常的情况，预报了震中将发生在地震云垂线所指的方向，即日本海之中，其预报时间和地震发生时间仅差 48 分钟，其准确度令人惊叹。1978 年 4 月 8 日，吕大炯在北京通县又观察到地震云，做出了"4 月 12 日在阿留申群岛附近将发生地震"的预报，结果 4 月 12 日在阿留申群岛以东的阿拉斯加地区果然发生了 7.0 级地震。

1979年7月4日凌晨五六时左右，住在北京饭店一套高级客房的日本奈良市市长健田忠三朗忽然发现天上东南方向横亘了一条较长的白色条带状的云带，这位业余地震云研究者立即通告中国有关方面，作出了近期将要发生地震，但北京不会受其影响的预报。与此同时，在日本的一些地震云研究者在不同的地点也观测到地震云，而地震云垂线的交点正交会在我国溧阳地区。一连几天，我国各地的地震观测站测到的地电、电磁都发生强烈异常现象，有些中国的地震工作者在7月2日、4日、5日也都观测到长条状云带……7月9日晚，江苏溧阳果然发生了6级地震。

那么，以上这些事例仅仅是一种巧合吗？如果不是，那么地震与天上的云彩有什么关系呢？地震云与普通云彩又有什么区别呢？地震云又是怎样形成的呢？

据史料记载及人们的观察，地震云多呈带状，似龙、似蛇，或似草绳，或呈辐射状、肋骨状。其颜色有白色、灰色、铁灰、橘黄、橙红等。

关于地震云的成因，人们做了种种推测：

日本九州大学真锅大党认为：由于地震之前地热的增高，加热空气，使之上升扩散到同温层，在1000米高空形成细长的稻草绳状的云带。但是持否定意见的科学家认为同温层的高度至少在1万米以上，一般上升气流不易达到，而且强烈对流上升的气流一般是蘑菇状云彩，不可能沿水平展开成长条状，也无法解释地震云的垂线方向能指示震中的道理。而我国的吕大炯等人认为：由于断裂带产生热量，可以以超高频或红外辐射的形式来加热上空的空气微粒，形成条带状地震云。由于断裂带大多垂直于震中的震波传递方向，所以，由此产生的条带状云也是垂直于来自震中的震波传递方向的。尽管这种解释比真锅大党较为完善，但仍有很大的臆想性。因为至今尚未获得确切的数据，如断裂带上应力在震前究竟增加了多少,达到什么程度才会产生地震云等。

此外,还有一些学者提出断裂带中可能会有大量高能带电粒子溢出,或者震源在震前形成的静电场使得高空形成条带状地震云……这些推测还都是一种假说,有待证实。人们期待着这些谜能早日揭开,对地震这一灾害能防患于未然。

10. 动物对地震的预报

地震即地动,它像狂风暴雨一样,是一种自然现象。地震会给人类带来灾难。据统计,全世界每年要发生500多万次地震,其中,破坏性的地震大约有1000次左右。为了避免或减少这种灾难,做好地震的预测预报工作是极为重要的。

能预报地震的动物。人们在长期报震、抗震工作中,已经观察到许多动物在震前有种种异常反应:畜不进圈狗狂叫,冬眠蛇出老鼠闹,鸭不下水鸡上树,蜜蜂飞迁鱼上跳,鹦鹉撞笼鸽惊飞,狮虎哀吼狼悲嚎等等。我国邢台地区人民通过对预测预报地震的实践,还编成这样的谚语:"鸡在窝里闹,猪在圈里跳,羊跑狗也叫,地震快来到。"

从大量地震资料来看,已知地震前有异常反应的动物约有近100种,包括昆虫、鱼类、蛙、蛇、鸟类、兽类和家禽家畜。其中以狗、鱼、猫、鸡、鸟和猪等反应最为明显。

1969年7月18日13时24分,我国渤海发生了一次7.4级地震。在震前,天津市人民公园的工作人员观察到许多动物的行为都出现了异常反应,就连平时逗人喜爱的大熊猫也躺在地上,抱头怪叫,唤它也不起,检查却无病。根据这些异常反应,公园地震预报小组在当天11时10分向天津市防震办公室报告"可能要发生大地震"的预报。果然不出所料,两小时以后发生了地震,天津市地动房摇。

1975年2月4日，海城、营口发生了7.3级地震。震前一段时间，尽管天气寒冷，冬眠的蟒蛇仍爬出洞来，它们一出洞口就冻僵了。此外，青蛙、泥鳅等冬眠动物的提前苏醒，可能与震前地温的局部升高有关。

1976年7月28日3时，河北省唐山、丰南一带发生7.8级强烈地震。震前的动物异常反应与历次大震一样，也是十分普遍而强烈的，特别在临震前几个小时更为明显。

日本是个多火山多地震的国家，科学家发现深海鱼类的异常行为预示着地震即将来临。早在1923年夏天，一位秘鲁的鱼类学家在日本的叶山沿海，发现了一种仅栖息在深海中的胡须鱼上浮，这是一种异常现象。果真事隔一天，发生了关东大地震。1963年11月11日清晨，日本新岛的渔民捕到一条长2米的深海鱼，电视台记者为采访这条新闻，邀请正在研究地震前深海鱼反常行为的末广教授，希望他一同乘坐直升飞机前往现场。当时，末广教授有课不能前去，在同记者分别时他开玩笑说："请多加小心，不久将有地震发生。"谁知，事隔两天，在新岛附近真的地震了。

狗，可能是因为它具有特别灵敏的嗅觉，所以被列为震前反应最明显的动物。在云南通海地区一次地震前夕，山区一户人家4个人围坐一桌，正在兴致勃勃地玩扑克牌。突然，从大门外跑进来一只狗，对着主人叫个不停，主人只顾打牌，不予理睬。狗可急了，上去咬住主人的衣服不放，还把他往门外拖。主人觉得这只狗不识时务，大煞风景，于是将它赶出大门外。可是他刚坐下打牌，狗又奔了进来，仍然是咬着衣服拼命将主人拖着往外跑。这时，主人恼火了，站起来对准狗乱打乱踢，赶着一起冲出大门。这当儿，突然一阵轰响，大地颤抖，房屋倒塌，留在屋内的那3个人都被压死，唯独他保全了生命。唐山大地震前，有个农户家的一只狼狗当晚咬了主人，不让他睡觉。

主人将狗打跑，刚睡下，狗又来乱咬。他又气又惊，就下床打狗，边追边打，刚出大门，地震发生了。1973年7月23日，当时的捷克斯洛伐克斯皮可埃市地震前，有个女职员睡得很熟，被狗吵醒。狗舔主人的脸，咬睡衣，将她拽下床来。她开了门，狗咬着主人的睡衣朝外跑，刚踏上人行道，地震发生了。从这三个例子可以看出，狗不仅是出色的活报震仪，而且在地震灾害中救主有功。

动物为什么会预报地震。地震是地球内部巨大的能量释放现象之一。有人曾做过计算，一次7级地震释放出来的能量，相当于20多枚2万吨级原子弹释放的能量，所以在震前必然有各种物理、化学和气象等变化，如地热、地电、地磁、光、声、气候、地下水化学成分都会有一定的局部变化。这些变化，即使是非常轻微的，但一些动物却具有十分敏锐的感受力，于是引起它们生理上和行为上的反应，这就是动物在震前的异常行为。

目前，人们虽然已经知道有些动物能预报地震，但是对于它们预报地震的机理还没有完全弄清楚。据上海师范大学动物学家虞快教授介绍，科学上有以下三点解释和推测：

第一，对超声波和次声波的感受。鱼类和其他一些水生动物能感受到人所不能感受到的超声波和次声波。一般人所能感受到的声波范围为16～2万赫，小孩可以达到2.2万赫，高于或低于这个声波范围就不能感受到。鱼类内耳和身体两侧有侧线感受器，这是一种机械感受器，能感受1～25赫的次声波（频率低于20赫的声波），即使对水流压力的微小变化或微弱的水流波动也很敏感；水母（海蜇）的伞体边缘有感觉球，能感受8～13赫的次声波。漂浮在水面上的水母，能在暴风到来之前，感受到由于流动的空气与波浪摩擦而产生的次声波，因此及时离开浅海，避免被巨浪砸碎的灾难；在海洋中的海豚，能感受 50~10 万赫的声波，又具有完善的声纳系统。因此，它能利用超声波（频率高于 2 万赫的声波）正确地追踪数千米以外的鱼群，并能分辨出种类。由此可见，鱼类和其他一些水生动物在震前出现异常反应的原因，很可能是与强震前有次声波和超声波发生有关。

第二，对热的变化的高度敏感。在地震前，穴居动物都有明显的异常反应。例如，蛇类具有颊窝或感觉小窝，窝内的感觉细胞对"热"极为敏感。有人用南美洲的蟒蛇做过试验，在波长为 10600 纳米的红外线下，热量在每平方厘米 0.084 焦时，就有热感觉反应。由此推测，蛇在震前的异常反应，可能与地热变化有关。

第三，对微弱的机械振动的感受。家禽和鸟类的腿部具有微小的感振小体，它们凭此能感受到枝头或地面上十分微弱的机械振动（几十至一二千赫）。中国科学院生物物理研究所曾做过这样的试验：用 100 只家鸽分作两组，每组 50 只，将其中一组家鸽的感振小体与中枢神经之间相联系的神经切断。结果在一次 4 级多的地震前，切断神经的一组家鸽基本上安静如常，而另一对照组家鸽都惊飞了。这说明家鸽的感振小体能感受到震前的波动。在强震前，猪、牛、羊等家畜普遍出现异常反应的原因，可能与它们的腿部、趾部和腹部肠系膜等部位分布着大量对感受机械振动非常敏感的环层小体有关。

此外，蝙蝠能感受 1500~15 万赫声波。它的超声定位系统极为优越，不仅分辨率高，而且抗干扰性强，能从比信号高出 200 倍的噪声背景中接收小昆虫身上反射回来的信号。因此，蝙蝠在地震前迁飞是与感受超声有关的。

根据柏林弗里大学赫尔穆特·特里布楚教授测定，来自地面的充电离子释放，引起"先地震"，使狗、猪、鸟和其他动物出现紧张不安情绪，这就是人们在地震前所经常观察到的动物异常行为。

那么，人类能否预感地震呢？在很长一段时间内，不少科学家认为人类没有动物那样预感地震的本领，只有动物才能感觉人类视为"静止"的震前外界变化。后来，美国加利福尼亚州的一位科学家首先提出，人类也能够像一些动物那样，在地震前的短时间内，表现出异常行为。例如在旧金山海湾地区，那里的居民在地震前72小时内，出现烦躁、易怒、头昏眼花、头痛、恶心等征兆。由于每个人的生理机能和心理状况不同，所出现的征兆也有差异。

不久前，美国蒂姆研究所的生物学家马沙、亚当斯，根据人类在地震前的异常行为分析，在8天内预报的准确性可以达到80%。亚当斯把人在地震前的异常行为，归因于地磁场的改变影响到人体的结果。

进一步探索动物报震对预防地震将有很大的作用。首先，在从事动物报震工作中要分清动物的异常行为是地震预兆还是其他因素所引起的，否则就会造成错误报震。因为自然现象是非常复杂的，一些非地震预兆的环境条件变化，也会促使动物产生异常行为，而且往往与动物震前出现的异常反应相似。例如，天气闷热，雷雨之前，由于气压低，湿度大，水中溶解的氧气减少，鱼儿就会泛塘，蜻蜓和蚊子聚群飞行，蚂蚁也忙于向高处搬家，表现出异常行为。又如狂风暴雨到来之前，大群海鸟会向着陆地飞行，许多鱼儿结群上浮，深海鱼类游到浅海甚至上浮到水的表层，连鲸类也会群集在海面。再如饲养条件的改变，包括兽舍的改变，饲养员的调换，饲料种类的更换，往往也会使动物出现各种异常反应。此外，动物在繁殖季节里，由于本身的生理变化，也会表现出行为失常。猪、马、牛、羊等发情时，常常出现烦躁不安，胃口不佳，相互追逐；狗在发情期有嚎哭的现象；猫在发情期则往往叫个不停；鱼儿会进行生殖回游等。这些异常行为，都与地震没有关系。

　　其次，在地震以前有异常行为的动物，开始时往往是个别种类和少数动物，而且还会受到动物个体差异的影响，在同种同类动物中会出现无异常反应、异常反应不明显和明显三种情况，这对动物报震工作同样会带来困难，所以必须密切注意动物出现异常反应的种类、数量、涉及的范围以及异常反应的程度。因为没有一定数量就不可能做出正确的判断。

　　再次，利用动物预报地震是一项新的研究课题，动物行为的变化与地震之间的联系，目前知道的还不多，必须在今后防震、抗震工作中进一步探索。土耳其"爱猫者协会"的专家们发现，猫的脚掌能感受最轻微的震动，可比人类和一般动物早知地震的来临，而猫的嗅觉和听觉也相当敏锐，所以一些学者已将猫的"第六感觉"（包括猫预报地震）列为研究专题。日本科学家根据民间"鲶鱼翻身是地震前的征兆"的传说，进行了长期观察后发现，此鱼对轻微震动的感受极为灵敏，而地震前所引起的微弱电流的变化，也能被鲶鱼特别灵敏的感受器感觉到，所以日本很多地方都饲养着鲶鱼，作为一种活的"报震仪"，随时观察它的一举一动。另外，日本农林省还号召多震地区的人们饲养一种白色的鱼，它有感知微小震动的特殊本领——震前几小时在水中惊恐地东窜西撞，预示地震即将来临。邢台地震以后，我国对该地区的狗、鼠、猪、鸡、鸽子、泥鳅、黄鳝、鲫鱼、蚂蟥等10多种动物进行了长期的系统的研究，着重观察动物反应的指标，例如鸽子的惊飞反应，猫的日呼吸频率曲线的变化和行为异常反应等等，从中总结出了规律，取得了一些经验。运用这些经验，曾对范围50千米、震级为3~5级的地震进行了多次较好的预报。

11. 热异常是地震的前兆吗

　　1976年7月28日唐山大地震前，北京等地天气异常炎热。从我国历次地震来看，震前天气突然变热（无论春、夏、秋、冬）是一个比较突出、普遍的现象。请看以下的例子：

1679 年 *9* 月 *2* 日，河北三河、平谷 *8* 级大震前，天气特别炎热；虽然是 *9* 月了，但还是炎热难耐。

1925 年 *3* 月 *16* 日，大理地震前，黄雾四塞，久旱不雨，晚不生寒，朝不见露，形成典型的干、热、阴霾的天气。

1933 年，四川省迭溪大地震，也有这样的记载："连日皆极晴朗炎热，震前尤甚，下午二时半地震。夜间气象陡变，狂风大作，暴雨忽来，十时许地忽又大动。"

1966 年 *3* 月 *8* 日河北邢台地震，震区地面解冻早，返潮春天来得早。气象资料记载，震前数日，日平均气温从 $-13℃$ 上升到 $12℃$，升高达 $25℃$。

1969 年 *7* 月 *26* 日，广东阳江地震，震前几天，当地气候很特殊，天气特别闷热，人感不适。

1970 年 *1* 月 *5* 日，云南通海地震，二月是全年气温最低的月份，但地震前几天，天气变热；临震前夜里感到特别闷夜，不少人睡不着，风吹到脸上感到有热气。

1973 年 *2* 月 *6* 日，四川炉霍地震，地震前出现的近日最高温，比历年同期都高。

1974 年 *5* 月 *1* 日，永善地震，地震前几天特别闷热，比 *6* 月份还热。

我国夏季，常为温暖湿润的海洋性气团所控制。震前的"热异常"促进了对流作用的加强，伴随而来的常是倾盆大雨，大雨过后天气更热，震前达到高潮。*1976* 年唐山大地震后，北京、天津等地就降了倾盆大雨，过后又发生强烈余震。春、秋两季，热异常往往引起阴雨连绵或久旱不雨，视地区不同而异。

有人发现气压变化越大时，地震的次数越多，而山区在气压下降时发生地震的比例较大。

"冷热交错，地震发作"、"久晴动，久阴动"、"早震晴，晚震阴"等谚语，都说明了天气变化与地震的关系。天气变化时，可能是大气对地壳各处压力不均，促成快要发生地震地区的断裂活动的加剧；或者是地壳的即将断裂释放出热量使天气变热。历史上还常有大旱大涝后发生地震的情况，这可能是地下水的多少发生变化，破坏原来的平衡，触发了地震。

地震与天气的变化是有关系，但具体有多大关系，有什么规律，还有待进一步的研究。

12. 历史上的特大地震

葡萄牙里斯本大地震

葡萄牙首都里斯本是一座美丽的海滨城市，它位于横贯全国的特茹河入海口，整个城市坐落在 7 座小山上。市区中雄伟的教堂依山而建，繁华的街道上商店林立，人群熙熙攘攘，到处都呈现出一派大都市的繁华景象。

1755 年 11 月 2 日，星期六，这是一个不寻常的日子，是基督教的万圣节。上午 9 点多钟，成千上万的圣徒们聚集在市区内的 6 座大教堂里虔诚地向上帝膜拜，悠扬的钟声和祈祷声不绝于耳。突然，大地像波涛中的轮船一样不停地晃动起来，里斯本发生了 7.8 级的破坏性大地震。

伴随着地面的颤抖，从地下传来雷鸣般的响声。教堂和其他建筑物开始倒塌，圣·维森特大教堂中的 600 多名圣徒几乎全部遇难；圣·卡塔里纳教堂砸死了 400 人；圣·保罗教堂砸死了 300 人；整个市区 2 万多座建筑物中有 1.7 万座变成了废墟。几分钟内就有大约 3 万人被夺去生命。侥幸从屋里跑出来的人们，都被眼前的情景吓呆了，不知如何是好，一些上了年纪的人跪倒在大教堂广场上，祈求上帝的怜悯，拯救受苦受难的人们。

在大约 15 分钟的大震过后，地面仍然像痉挛似地颤抖着，许多人拥上大街，向宽阔的海岸跑去，以为那里一定是躲避房倒屋塌的好地方。然而，他们万万没有想到，被地震搅起的海水正像恶狼一样向人们扑来。一位幸存者在海啸中死里逃生，他在事后回忆道："突然，海边一片惊呼声：'海水上岸了，我们全完了！' 我转向大海，看见海水飞速向岸边涌来，这种速度是任何狂风的力量所达不到的。一瞬间，一团巨大的浪涛像山峰一样带着响声冲上岸来，泡沫四溅。许多人被卷走了，更多的人陷在齐腰深的水里，其余的人如丧家之犬一样疯狂地逃走。"

在地震掀起的滚滚烟尘中，教堂里的蜡烛和居民家里的炉子在许多地方引起大火。无情的烈焰烧毁了商店里的货物，档案馆里的珍贵资料，华丽的歌剧院和富丽堂皇的皇宫。许多人虽然从倒塌的建筑物和凶猛的海啸中死里逃生，却死于浓烟的窒息和烈火的焚烧。大火一直燃烧了 7 个昼夜，遍体鳞伤的里斯本最终毁灭于大火。

深爱着臣民的年轻国王约瑟夫为民着想，在震后实行埋葬死者和赈济灾民的政策，不但在一周内全部埋了死者，而且使幸存的 20 万人免遭饥饿。朝廷用 15 年时间重建了里斯本，拆除了破旧的平房，拓宽了原有的街道，使一座新的里斯本重新屹立在大西洋东岸。

智利大地震

智利位于南美洲的西岸，整个国家沿海岸呈南北向的条带状分布，延长达 4000 余千米。这里风景优美，物产丰富，但也是多发地震的国家。据统计，全世界每年记录的近万次地震有 21% 发生在这里（绝大多数是非破坏性地震）。1939 年 1 月 24 日发生的大地震给智利带来了一场巨大的灾难。

午夜时分，古城奇廉还沉浸在一片喧闹的夜生活之中，奇廉国立戏院内 300 多个座位全部满员，人们正在观看一部新公映的电影。然而，他们做梦也不会想到，夜里 11 点 35 分，戏院的天棚和四壁在地壳的颤动中突然向他们砸来，所有的人甚至来不及叫一声便被掩埋在瓦砾中。

奇廉，这个有 5 万人口的城镇损失最为惨重，由于街道狭窄弯曲，加之房屋低小零乱，使得发震后全城到处都是一片废墟，几乎无路可走，给救援带来极大的困难。大约有 1 万人死亡，两万人受伤。

在距首都圣地亚哥 400 千米的省城康塞普西翁，情况也同样严重，有 75% 的建筑被毁，地震将上万名矿工封在井下；15 座天主教堂被夷为平地，死伤近 5 万人。

地震过后，震区的气候极不正常，不但温度很高，而且烈日当空，灼热的阳光照在无数的尸体上，散发着难闻的气味。人们心里明白，如果不采取紧急措施，瘟疫很快会夺走幸存者的生命。由于地震将铁路、公路交通全部破坏，大批救援人员被阻滞在城外，政府电令奇廉和康塞普西翁两市居民想尽一切办法迅速撤离灾区。留在市区的少量士兵和救护人员因无水和没有饮食，也处在极其困难的境地。据《纽约时报》报道："可怜的士兵和救护人员在酷热的太阳下一刻不停地掩埋尸体，救护伤员，从建筑废墟中营救幸存者，可他们连足够的水也喝不到。"

真是福无双至，祸不单行，自然它那强大的威力戏弄着渺小的人类。烈日之后紧接着是一场强大的暴风雨。肆虐的狂风卷走了临时搭起的帐篷，冰凉的暴雨抽打在人们身上，灾民们再一次陷入了无家可归的境地。漆黑的夜色里，人们在刺骨的寒风中缩蜷着身体，有人从此再也没有站起来。

这次大地震使智利中部富庶的产粮区受到极大损失，工业也一度陷入瘫痪状态，多年后人们才从地震的阴影中走出来。

日本关东大地震

日本国以略呈弧形的岛屿遍布在亚洲大陆的东南外缘，以多地震而著称于世，每年发生地震千余次，被称为"地震列岛"。

1923 年 9 月 1 日正午时分，天气晴朗，艳阳高照，在从东京到横滨 28 千米范围内的都市区中，人们和往常一样紧张地忙碌着，职员和工人们陆续走向餐馆和食堂，准备享受美味的午餐；年轻的家庭主妇们早已做好了饭，等待着从学校归来的孩子们。生活平静得令人毫无警觉，谁也没有想到魔鬼正从地下深处袭来。

11 时 58 分，东京南部 90 千米处的相漠湾海底突然发生 8.3 级强烈地震，地震和它所引发的海啸袭击了日本关东平原地区。首都东京和最大的港口城市横滨损失最为惨重。在第一次震动过去 24 小时之后，又发生了一次强烈余震，随后的一周余震不断，大约有几百次之多。

伴随着大地的抖动，惊慌的人们冲向大街，顿时，马路上被挤得水泄不通。在无奈无助的惊恐中，人们拼命地寻找避难场所，你推我挤，东倒西歪，互相践踏，哭喊声、叫骂声响成一片，可是整个城市里哪儿还有可躲避的地方呢？

倒塌的建筑造成了几万人的死亡，但随之而来的一场大火又上演了一幕更惨烈的悲剧。

由于日本关东地区素来多地震，加之当时的经济条件所限，房屋多为木质结构，恰逢发震时又正当做午饭的时候，所以，漫天大火瞬间而起，整个东京陷入一片火海之中。大火初起时，消防人员和一些居民还试图将火扑灭，但地震已将所有的供水管道破坏殆尽，人们只能望火兴叹。《日本纪事报》的一位记者描写道："人们虽然逃离了震魔，又遇上了火妖。他们倒在地上，浑身都是火烫的血泡，比起那些被烧得只剩一把灰的人来说，他们也许是幸运的。那一堆堆、一片片灰烬，究竟包含着多少生命呢？没有人知道。数不清的人被火烧死，发出的恶臭，几十里外都可闻见，特别在运河一带，数百名逃生者被烧死在那儿。"

夜幕被熊熊烈火撕毁，天空一片猩红色，如此巨大的火灾前所未有，一切都在炽热的烈火中毁灭。东京城中的15家医院只有一家幸存，其余的14家全被大火烧毁；著名的皇家大学图书馆的所有珍藏书刊和文件烟飞灰灭，荡然无存。在这次地震和大火中有30万幢建筑倒塌，近5万人死亡，10万人受伤，几十万人无家可归。东京像受了重伤的巨人，倒在大地上，奄奄一息。

离东京28千米远的横滨市，也遭到了同样的厄运。这个当时有50万人口的港口城市，曾被称为"外国人的乐园"、"充满异国情调的不夜港"和"日本富商的花园式胜地"。但是，无情的地震和大火毁灭了这里的一切。整个城市变成了无法辨认的废墟，码头和港口全部被破坏，街路上的巨大裂缝像恶魔的嘴一样大张着，可以吞下卡车，被火烧焦的尸体一堆堆到处可见。

在浓烈的大火中，有几千人被围困在低洼的滨水商业区，许多人跳进了公园的水池里，有人在拥挤中被淹死，当时的情景惨不忍睹。

灾难夺走了横滨市10万人的生命，其中有4300人下落不明，10万人受重伤，许多人无家可归。有6万幢房屋在地震中倒塌或被大火烧毁。

日本关东大地震发生后，日本人民依靠其非凡的献身精神开始重建家园。经过几十年的奋斗，首都东京和横滨市比灾前更加美丽壮观。但是，当今的地震学家们仍然把东京作为地震危险区，认为与关东大地震一样强烈的地震还会光临东京至大阪之间。这不能不让该地区的人们提心吊胆，担心历史的悲剧重演。

日本经济实力雄厚，大都市中高楼林立，虽然他们有较强的抗震技术和方法，但眼望那一座座摩天大楼，仍然使人心生疑惧。东京的阳光公寓有 60 层，200 多米高，为亚洲之冠，如果它一旦倒塌，那情景实在是让人不敢想象。

为了防御地震的突然袭击，在最大程度上减轻地震及次生灾害所造成的损失，日本制订了相关的国家和地方法规，用以教育和规范人们的行为。1983 年 4 月 3 日，日本举行了有 1600 万人参加的大规模地震预警演习，人们在志愿者的疏导下，有秩序地从建筑物中和危险地带撤离到指定的安全区域。大街上的宣传画给人们留下了深刻的印象，上面是燃烧着熊熊烈火的街道上，站着一个泪流满面的小姑娘，下面用醒目的红字写着，"60 年前的这一景象，可能在明天重演"。

时间可能会洗去人们许多的记忆，但是，日本人民永远也不会忘记那场可怕的关东大地震，永远为那些在地震中死去的兄弟姐妹和父老乡亲祈祷和默哀。

13. 黄土高原形成之谜

我国是世界上黄土分布最广的国家，而黄土最集中、最典型的分布区就在黄土高原。

黄土高原东起太行山脉，西至祁连山东麓的日月山，北抵长城，南达秦岭山脉，面积约 40 万平方千米，包括山西、陕西和宁夏的大部分地区，甘肃、青海和河南的一部分地区，黄土厚度一般为 80～120 米，最大厚度可达 180 米。黄土多呈灰黄色、棕黄色和棕红色，抵抗侵蚀能力很弱。

黄土高原是怎样形成的呢？

一种认为是这一地区盛行的偏北风把新疆、宁夏北部、内蒙乃至远在中亚沙漠中的大量粉沙刮到黄土高原地区堆积下来。因为黄土高原与黄土底部基岩成分不一样。黄土下部地貌形态多样，起伏比较大，但上部沉积黄土厚度大体相近似，并有从东到西逐渐变薄的趋势，同黄土来源于西部的方向是一致的。这说明黄土是从别处搬过来的。

但有不少科学家发现，黄土层的底部有一个砾石层，而这浑圆的砾石层却是典型的河流沉积物。于是他们认为，这些黄土的原籍在黄河的上源，是河流把黄土冲刷下来形成的。

还有一种观点认为黄土既不是风成的，也不是水成的，它是在原来的基础上不断风化形成的，是土生土长的。

也有一种综合性观点，认为黄土高原既来自西北、中亚，由大风刮来，又有绵绵流动的河流携带而来，还有本地土生土长的基岩上风化的，是在这三种力的共同作用下形成的。

至今人们对黄土高原上黄土的来源还争论不休。希望有一天研究者们能给人们一个满意的答案。

14. 神秘的"未知大陆"

1492 年，哥伦布出海航行去寻找传说中的黄金国——印度。他没有找到印度，却发现了一块全新的大陆，在想印度都快想疯了的哥伦布眼里，它必然是印度，是充满香料、财宝的富庶之国，大陆上的居民自然被称为印度人。但是哥伦布做梦也没想到这是一块尚未为欧洲人发现的大陆，它既不是印度也不是中国，而是美洲大陆。在欧洲人弄明白之后，这块新发现的大陆就被称作"新大陆"或"新世界"，而欧洲则与之相对地被称作"旧大陆"或"旧世界"。哥伦布的发现在西方引起了巨大的反响，许多航海探险家跃跃欲试，他们认为，除了哥伦布发现的"新大陆"之外，还有一块巨大的"未知的南方大陆"。

1572 年，西班牙著名航海家胡安·费尔南德斯在智利海岸边发现了三座无人居住的小岛，他以自己的名字给这一群小岛命了名，这就是智利的胡安·费尔南德斯群岛。

胡安·费尔南德斯的发现虽然不大，但却增强了他航海探险的信心。6 年后，他又扬帆前往东南太平洋去探险，希望能发现他的前辈和同时代的人寻找了多年的"未知的南方大陆"。

胡安·费尔南德斯的航线和 6 年前一样，仍沿着南美洲的海岸往南航行。谁知，茫茫大海戏弄着胡安的船只，骤然而起的风暴把他们吹离了南美沿岸，探险船像一叶浮萍似的随风向西漂去。

许多天过后，海风把胡安探险队送到一块辽阔的土地附近。这是什么地方啊？水量丰沛的河流浇灌着土地，面庞白皙的居民衣着十分讲究，举止神情同智利人和秘鲁人都迥然不同。胡安·费尔南德斯高兴极了，认为这就是他那些不幸的前辈和倒霉的同代人所朝思暮想的南方大陆。遗憾的是，他没有登上这块新发现的土地就匆匆返航了。

回国之后，胡安·费尔南德斯立即着手做全面的准备，打算率领一支探险队再度驶往"未知的南方大陆"，进行一次规模巨大的详细考察。为了保持自己对这一"神秘大陆"的发现权，他一直守口如瓶，没有对外透露过自己这一惊人的发现。可是，胡安的准备工作还未完成，他就猝然死去了，世人也不知道他的这个发现，他也始终没有成为哥伦布第二。直到几十年之后，人们才知道这个西班牙航海家的发现。

胡安·费尔南德斯真的发现了"南方大陆"吗？

答案是否定的。

那么他发现的是什么地方呢？

有人说就是今天的位于南太平洋海域，纬度为南纬30度的复活节岛，但至今那些人还拿不出令人信服的确凿证据。

16世纪的西班牙编年史中曾记载着航海家阿列瓦莱·孟达尼·杰·涅依拉在南太平洋发现了复活节岛，但这功劳不算他的，因为没有确实的证据能证明复活节岛是他发现的。

过了109年后，即1687年，著名的英国大海盗爱德华·戴维斯奉英国女皇的命令，驾驶着"孤独者幸福"号三桅巡洋舰，前往南太平洋寻找"未知的南方大陆"。他首先到达了海盗们最喜欢停留的太平洋的天然避难所加拉帕戈斯群岛，然后掉转船头向南驶去。在南纬12度30分，距南美海岸150里格处，"孤独者幸福"号突然剧烈地震荡起来。原来美洲大陆的秘鲁沿岸发生了大地震，引起了海面剧烈震荡。这次地震摧毁了秘鲁的卡亚俄城。戴维斯惊吓过后，赶快驾驶着他的"孤独者幸福"号向西南驶去。

一天凌晨，离天亮还有两个小时，"孤独者幸福"号突然触到了低低的海岸，熟睡的船员们被震耳欲聋的响声惊醒，纷纷跑出船舱。他们担心船被海浪抛到岸上搁浅，坚决要求戴维斯掉转船头驶到海上，等候天亮。戴维斯只好同意了。

早晨太阳出来后，展现在"孤独者幸福"号船员们面前的却是一片陆地！一座低矮平坦的岛屿！航海长利奥涅列·瓦依费尔详细描写了这个未知的海岛：

　　"我们离岛有四分之三里格。由于早上十分晴朗，没有雾或烟，我们可以清楚地看到岛上的一切。在西边大约 12 里格处，我们看到了一连串高高的丘陵，土地向前延伸了 14～15 里格，我们看到岸上有许多鸟类的羽毛。

　　我多么想上岸看看啊，但船长却怎么也不同意，太遗憾了。这个岛在卡亚俄城以西 5000 里格处，距加拉帕戈斯有 6000 里格。"

胡安和戴维斯都声称他们发现了"未知的南方大陆"，但人们都不相信。于是，更多的人们前往南太平洋，寻找这一神秘的"未知大陆"。

1722 年 4 月 5 日，荷兰的著名海军上将雅各布·罗格文率领一支分舰队在胡安与戴维斯所到过的海域里寻觅所谓的"南方大陆"。

　　当时，他们正航行在一望无际的大洋上，负责了望的水手突然发现远方的海面上有一个绿点，看上去像是陆地，他立即向舰长罗格文汇报。罗格文听到后惊奇不已，因为海图上标明这里没有任何陆地。罗格文立即命令船只驶向那里。待船只驶近后，他看到这确实是一个岛屿，于是便在海图上用墨笔记下了一个点，并在黑点旁边记上"复活节岛"，因为那天正好是复活节。他可能不知道，他是在给世界上最令人困惑的一个岛屿命了名。

　　这是一个三角形的岛屿，面积不大，还不到 120 平方千米，既没有一条河流，也没有任何树木，只有荒草在地上生长着，篙鼠是该岛唯一的野生动物。

　　罗格文一行一踏上这个小岛，就被眼前的景象惊得目瞪口呆了。岛上山峦起伏，层峦叠嶂，拉诺·洛拉科火山的身影在蔚蓝的天幕上显得雄伟挺拔，岛上有许多石头块砌成的墙壁、台阶和庙宇。在该岛的南部，他们看到了一个巨大石墙的残迹，石墙的后面耸立着几百尊气势恢宏、撼人心魄的巨大石像。这些巨大的石像面朝大海，排列在海岸边，上面还刻着人物和飞禽的花纹。这些石头人站立在巨大的石头平台上，脸部的表情十分生动，有的安详端庄，有的怒目而视，有的似乎在沉思默想，也有的满脸横肉，杀气腾腾。在拉诺·洛拉科火山坡上，罗格文他们也看到许多这样巨大的石像。

这些石像至少有 10 米高，都是用整块石头雕成的。有的石像头上还戴着巨大的石头帽子，耳部有长长的耳垂。

罗格文总共发现了 500 多尊石像，此外，在拉诺·洛拉科火山口的碎石堆里，还躺着 150 尊未完成的雕像。那里还有石镑、石斧和石凿等石制工具。

罗格文海军上将认为这座小岛不是"未知的南方大陆"，也不是其他探险家们（胡安、戴维斯等）所看到的小岛，而是一个新发现的岛屿。他召集全体人员开了一个会，拟定了一个宣布发现一块新土地的决议，分舰队所有的舰长都在这一文件上签了字。就这样，复活节岛被人发现，开始为外人所知了。

荷兰的舰队司令罗格文最先发现了复活节岛，但是有关复活节岛的准确海图还没有。英国航海冒险家詹姆斯·库克希望找到这座岛屿并绘制该岛的海图。

库克率船队从新西兰出发，向东太平洋进发，于 1774 年 3 月找到了复活节岛。所有人都为找到了复活节岛而高兴，因为为了找到该岛，船长和船员们在海上航行达 3 月之久，在这 3 个月之内人们几乎没有见到一块陆地。

库克是位工作严谨的探险家，他在发现复活节岛当天的航海日志中写道：

　　"这是个很难加以描述的小岛，岛上居住着波利尼西亚人，他们很像我以前所访问过的其他南太平洋岛屿上的土著人。复活节岛最为知名的景观是那些巨大的古代雕像，这些用岩石雕出的石像分布在该岛沿岸各处，有些已经略有倾斜，有些已经倒在地上，每尊石像都面对海洋，令人不可思议。这些雕像过去是，今后在某种程度上也仍将是一个难解的谜。我们搞不清它们是怎么立起来的，也不知道岛上是否一度住着一种巨人，岛民们自己对这些雕像的来历知之甚少，所以我和其他人对此也只能做些猜测。"

15. 冰期的形成之谜

　　所谓冰期，是指地球历史上大规模的寒冷时期。在这个时期里，不仅地球的两极和高山顶上有冰川分布，就是一些纬度较低的温带地区和低矮山岭上，也分布着许多冰川。地球的历史告诉我们，全球各地在地质历史中曾发生过 3 次大冰期，即震旦纪冰期、石炭纪冰期、二叠纪冰期和第四纪冰期。而每次大冰期又是由许多小冰期组成的。最近的一次大冰期是 70 万年前开始的，至今已发生过 7 次小冰期，每次持续时间为 9 万年之久，而两次冰期之间总是伴随着大约 1 万年的温暖的间冰期。

　　科学家们推测第七次冰期在 2 万年前已结束，我们目前正生活在第七次温暖的间冰期末尾，再过 5000 年，我们居住的地球又将进入一次小冰期，那时整个地球将重新银装素裹，全球的每个人都会生活在类似今天南极的冰天雪地之中。

面对这一预言，人们难免会问：为什么地球上会出现寒冷的冰期呢？对此，科学家提出了许多假说予以解释。

首先进行推测的是德国地质学家希辛格尔。他在 1831 年提出，第四纪冰期的出现与第三纪的造山运动有关。后人发展了他的观点，认为冰期的发生是由于造山运动所造成的海陆分布不同。在造山运动以后，地球上出现了一些高耸的大山，为山岳冰川的形成创造了条件。山的升高和冰雪堆积的增厚，还使山区附近的气候发生变化，气温下降，并逐渐扩展影响到全球，使整个地球的平均温度下降，导致冰期出现。反之，当造山运动平静后，山地受到侵蚀，高度不断降低，海水有可能浸入大陆上被削平的低洼地区，使其成为浅海。因为海水的热容量较大，能贮存较多的热量，所以当海洋面积扩大并积蓄较多热量之后，气候开始逐渐转暖，出现了间冰期。一旦造山作用重新发生，山脉再次升高，冰期便又重新来到。

但是人们很快发现，造山运动剧烈的时期与冰期并不完全吻合。

1896 年，瑞典地球物理学家阿列尼乌斯，提出了植物可能是产生冰期的祸首。他认为空气中二氧化碳增加到现在含量（0.03%）的 2~3 倍时，地球的年平均温度就会升高 8℃~9℃。据此可以解释第三纪的温暖气候。温暖的气候和二氧化碳含量的高浓度，促使植物大量繁殖。但是，植物大量繁殖的结果，又使二氧化碳大量消耗，使其在空气中所占的比例下降。当它降低到现在含量的一半时，就会使地球的年平均温度下降 4℃~5℃，足以导致中、高纬度地区广泛发育冰川，产生冰期。冰期的出现又会减缓植物生长，从而使二氧化碳的含量逐渐恢复正常。于是气温又逐渐升高，冰川消退，出现间冰期，植物又开始繁盛起来，为另一次冰期到来准备了条件。

但是，历史上植物十分茂盛时期之后，并没有出现冰期，相反在

6~7亿年前的古代，生物运动没有现在繁盛，却有震旦纪大冰川的出现。因此上述说法缺乏充分依据。

为了弥补这一说法的不足，有人提出了尘幔说，认为是由于地球上火山的猛烈喷发，大量的火山灰尘给地球撑起了一把尘埃大伞，张起了一道尘幔，于是，阳光就再也照不到地球上了，冰期由此而生。然而，造山运动也是火山极盛时期，但并不是每次造山运动后都有冰期接踵而来。

1920年，南斯拉夫塞尔维亚的天体物理学家米兰柯维奇提出了天文说，认为地球上所以有周期性的冷暖变化，根本原因在于地表受到的太阳光照不均匀，而造成受热不均匀，无非是地轴的偏斜，地球的颤动以及地球本身是椭圆的，在围绕太阳转动时有近日点和远日点之差……

目前这一天文假说成为当前最受拥护的冰期成因假说。但这一假说也并非完美无缺，它充其量只能解释一个大冰期中的冰期与间冰期的交替，而没能回答整个大冰期产生的原因。

近年来，在探索冰期形成机制的各种理论中，又出现了一个新的假说，认为地球冰期的发生与太阳带领它的家族通过银河旋臂的时间有关。

我们的银河系是一个漩涡状星系，它具有4条旋臂。根据星系旋臂形成假说，太阳及其家族在绕银河系核旋转时，每隔2亿多年就要通过一次旋臂，而在旋臂里星际物质比较密集。因此有人认为，当太阳通过旋臂时，大量星际尘埃的存在使星际空间的透明度减少。太阳辐射出来的光和热受到星际尘埃的反射和折射，到达地球表面的能量有明显的削弱，就使地球的年平均温度下降，冰期发生。这一理论的重要证据是地球上3次大冰期发生的间隔时期，正好与通过旋臂的时间吻合。

但是，旋臂附近的星际空间是否果真有那么多星际尘埃，却是令人怀疑的。而且这一假说是建立在另一假说的基础上的。

因此，尽管人们长期以来不断地探讨冰期的成因，也有了许多科学假说，但这仍然是悬而未决的地质之谜。

16. 大陆为什么会消失

历史上有许多古老的文明不知何因而于世人面前消失，而且一个大陆也会无缘无故地消失，这些情况一直令人费解。

人类在地球上的短暂历史中历经磨难，左冲右突，艰难地生存着。但是仍然不能避免一个极有可能的大型灾害。这个时期大致在公元前15000年至公元前8000年，一个冰河期的末尾。

冰河终期的混乱和古文明的传承与消失之间，有着非常密切的关系。

好端端的大陆，怎么会突然消失？还是先看看没有消失的大陆吧！

南极大陆，可以说知道这块大陆的人很少，我们大部分人都假设这块海上的大岛，已经被冰雪封盖好几百万年。事实上，南极大陆有一部分土地，至少在几千年前还没有成为今天的冰天雪地，我们可以用地壳移动的理论来解释为什么南极大陆的冰床在如此短暂的时间内成为今天的形状。

地壳移动，使大块土地漂移至死亡圈，这种现象尤为明显，凡是动物大量灭绝的土地，显然都是因为纬度激烈变化的结果。

地壳移动引发的结果是异常激烈的，在对地球历史上消失的城堡以及陆地文明的种种猜测中，我们一直谈到地壳随地球内部的激烈变化而发生的强烈地震、洪水。在海洋深处，地震频繁，造成种种不可预见的海啸冲击着海岸，淹没了土地，有的地块被挤冲到比较温暖的气候带，有的则被推进到北极或南极圈内，永远被冰块所覆盖。冰块一旦融化，海平面骤然上升，所有的生物必须要适应环境，否则只有退居它处，要么就被淘汰，这也是地球进化的一部分。

博物学家兼地质学家路易·阿加西在综合各种研究成果以后，于 1837 年首先提出了冰河期的概念。这个概念一经提出，立刻引起极大的争论。随之出现了越来越多对他有利的条件，众人恍然大悟似的一下子对这个观点趋之若鹜。但至于为什么会出现这样一个使万物停滞生长的冰河期，一直没有强有力的证据支持。直至 1976 年，天文、地理、物理学家才用地球公转轨道的各种天文学特征，以及地轴的倾斜度来说明冰河期的形成。

著名物理学家爱因斯坦对这个论点也情有独钟，他对南北极地壳上厚重而分配不平均的冰块是否可以造成地壳移动曾做过专门的研究。

地球自转在重量不平的两个冰帽影响下，产生了一种离心力，而离心力的力量又传达到了坚硬的地壳上，强度不断增加，聚集到一定的力量后，便会制造出一种地壳与地球本身之间的反动，从而造成两极的地块往赤道方向移动。

地球的引力与冰河期的开始与衰退有什么关系？原来，在南北极的地块突然移向气候比较温暖的低纬度地带时，冰块迅速溶解。同样的道理，原来在温暖的低纬度地带的土地，突然之间被移至南北极地带时，气候异变，很快便钻到冰原之下了。

因此，在上一个冰河期时，北欧和北美的大部分土地，并不是因为某种神秘的因素使得天气逐渐转寒而被覆盖于厚重的冰块之下，主要还是因为当时的地块离北极圈比今天要更近，所以才冰雪遍地。仍然是基于同一道理，威斯康星和乌姆冰河期于公元前 *1500* 年开始融化时，并非地球天气变异，而是因为冰原移动到温暖的低纬度地带所致。

在亚特兰蒂斯岛文明时，曾有好几百万居民，并孕育出地球历史文明迄今为止的最高峰，可是它怎么会突然之间沉没于海，并且消失得无影无踪呢？看来，我们把关注的重心落在南极洲也许正是解开这样一个谜底的关键。

苦苦寻求而不得的谜底也许正好隐藏在南极洲冰原最下方的深处。

根据地震波的测定，南极冰层下隐藏着无数的南极高山，好几幅古代地图都证实，南极大陆流出的河流正是从当今已消失在冰原之下的山脉中发源而出的。这些河流我们已经从南极的罗斯海底，采集到足够的地层资料加以证明过。

地壳移动学说和安定的气候持续 *10000* 年以上的必要条件并不矛盾，在地壳变动之前，也就是在上一个半球冰河期末期时，南极大陆的气候应该安定地持续了 *10000* 年以上。而且如果当时南极大陆的纬度，如理论推测的比现在位置还要往北去 *2000* 英里的话，那么南极大陆的最北部应该在南极 *30* 度附近，而居住其上的人应该终年沐浴在地中海或亚热带气候中才是。

地壳真的移动过吗，那失落文明的废墟真的在南极大陆的冰块之下长眠吗？人们百思不得其解。

17. 沙漠是怎样形成的

据统计，地球上沙漠面积 *1535* 万平方千米，占陆地的 *10.3%*，我国沙漠面积 *116* 万平方千米，占国土的 *12.1%*。而且这个数字还在不断增大。

那么，面积如此之大的沙漠究竟是怎样形成的呢？

传统的观念认为，沙漠是地球上干旱气候的产物。北非的撒哈拉大沙漠、澳大利亚的维多利亚大沙漠、南亚的塔尔沙漠、阿拉伯半岛的鲁卡哈里沙漠都集中在赤道南北纬 15 度 ~ 35 度间。这是因为地球自转使得这些地带长期笼罩在大气环流的下沉气流之中，气流下沉破坏了成雨的过程，形成了干旱的气候，造成了茫茫的大沙漠。

然而，这一理论并不能解释所有沙漠的成因，比如塔尔沙漠，它的上空湿润多水，而且当西南季风来临时，那里空气中的水汽含量几乎可与热带雨林相比，但它的地上却是沙土遍野。美国的科研人员认为，尘埃是形成沙漠的主要原因。可大量的尘埃又缘于何处呢？有的学者指出，塔尔沙漠的尘埃最初是由人类造成的，后来沙漠又加剧了它的密度。于是有人提出，人类才是破坏生态环境、制造沙漠的真正凶手。

1957 年，考古学家在撒哈沙漠找到了 8000 年前的岩画，后来又发现了阔叶林树种和化石，证明撒哈拉沙漠的大部分地区在远古时代曾是一片植物茂盛的肥沃土地。后来，由于人类破坏了原有生态，才形成了沙漠，干旱只是提供了形成沙漠的适宜条件。

有人认为，撒哈拉沙漠的形成最初是很缓慢的，直至公元前 5000 年，不知从什么地方飞来铺天盖地的黄沙，才使这里变成茫茫沙漠。

也有人认为，人类不适当地开发自然，固然会使草原森林退化成沙漠，但是沙漠本身成为一种生态类型，早在人类出现以前就存在了。

到底是谁制造了沙漠？是人类还是气候，还是人类和干旱气候共同制造了沙漠？还需要研究者们去继续探求。

18. 沙漠开花之谜

在秘鲁南北狭长、宽度仅 30～130 千米的滨海区，地面广泛分布着流动的沙丘，属于热带沙漠气候，该地区年平均气温超过 25℃，年降水量不足 50 毫米，南部低于 25 毫米，气候炎热干旱。但有的年份降水量突然成倍增长，沙漠中会长出较茂盛的植物，并能开花结果。这种现象被称为"沙漠开花"。

那么，沙漠为什么会开花呢？海洋气象学家认为，这与"厄尔尼诺"现象的出现密切相关。所谓的"厄尔尼诺"，是西班牙语"圣婴"的意思，因为它大约每隔 2—7 年发生一次，但每次都发生在"圣诞节"前后，所以美洲人给它取了个原意不错的名字"圣婴"——"厄尔尼诺"。

然而，"厄尔尼诺"却给人类带来了一系列的灾难。它一旦发生，一般要持续几个月，甚至一年以上。它除了使秘鲁沿海气候出现异常增温多雨外，还使澳大利亚丛林因干旱和炎热而不断起火；北美洲大陆热浪和暴风雪竞相发生；夏威夷遭热带风暴袭击；美洲加利福尼亚遭受水灾；大洋洲和西亚多发生严重干旱；非洲会大面积发生土壤龟裂；欧洲会产生洪涝灾害；我国南部也会发生干旱现象，沿海渔业减产；全国气温偏低，粮食会大面积减产。

1982～1983 年，发生了一次严重的"厄尔尼诺"现象，它使世界上 1/4 地区受到危害，全世界经济损失估计达 80 亿美元。

"厄尔尼诺"是怎么发生的呢？原来在赤道南北两侧，由于常年受到东南信风和东北信风的吹拂，形成了两股自东向西的洋流。从太平洋东部流出的海水，靠下层海水上涌补充。由于下层海水较冷，因此太平洋海面的水温呈现出西部高东部低的"翘板"。太平洋东部秘鲁沿海的鲶鱼和海鸟多年来乐居在这一较冷的海域之中。从东向西流去的两股赤道洋流在到达大洋彼岸后，有一部分形成反向的逆流，再横越太平洋复向东流去，这股暖性的逆流叫赤道逆流。但是，有的年份由于南半球的东南信风突然变弱，使得南赤道洋流也变弱，太平洋东部上升的冷水减少，而更多的暖水随赤道逆流涌向太平洋东部。这样，太平洋海面的水温的"翘板"就变成东部高西部低了。

然而，"厄尔尼诺"的发生机制还是一个谜，产生这种现象的原因还不清楚。

最后，夏威夷大学的地震学家沃克指出：自 1964 年以来，五次"厄尔尼诺"的发生时间都与地球的两个移动板块之间的边界上发生地震这一周期现象密切吻合。但它们之间有没有因果关系，还有待于进一步探讨。

还有的科学家提出"厄尔尼诺"与一种叫"南部振荡"的全球性气候变化体系有关，从而影响了南半球的信风强弱。一个名叫 70GA（热带海洋和大气层）的国际性研究计划正在探索"厄尔尼诺"之谜。

我国科学家提出了一种假设，认为"厄尔尼诺"可能与地球自转速度变化有关。他们对照了 20 世纪 50 年代以后地球自转速度变化的资料发现，只要地球自转年变量迅速减慢持续两年，而且数值较大，就会发生"厄尔尼诺"现象。由于地球自转减慢，跟随地球一起运动的海水和大气在惯性力作用下，会产生一个向东的相对速度，这个速度在赤道附近最大，据计算可以使赤道附近的海水和大气获得每秒 0.5 厘米和每秒 1 米的相对速度，使得原来自西向东的赤道洋流和信风减弱，导致太平洋东西岸水温的变化。目前对"厄尔尼诺"的研究已广泛使用气象卫星、海洋调查船、浮标机器人等先进手段。还有一些科学家已转向地质研究，即从一些沿海河口淤泥堆积现象来分析在遥远的过去所发生的"厄尔尼诺"遗迹。

19. 龙卷风之谜

1940 年在高尔科夫州，发生了一桩令人惊奇的事。一个炎热的夏天，在巴甫洛夫区麦歇尔村的上空雷雨大作，一些银币随着雨滴撒落在地上！村民发现这竟是几千枚伊凡五世时代铸造的模压花纹的硬币。*1933* 年，在离卡瓦列洛沃镇不远的地方，暴雨带来了大量的海蜇。在许多国家还经常发生这样的事：晴朗的日子里，天上突然撒下许多麦粒，掉下橙子和蜘蛛；有时又会随雨滴落下青蛙和鱼……这些骤然看来不可思议的现象，其实都是龙卷风的恶作剧！

龙卷风发生在水面，则称为"水龙卷"；如发生在陆地上，则称为"陆龙卷"。龙卷风外貌奇特，它上部是一块乌黑或浓灰的积雨云，下部是下垂着的形如大象鼻子似的漏斗状云柱，水龙卷直径 *25 ~ 100* 米。陆龙卷的直径不超过 *100 ~ 1000* 米，其风速一般每秒达 *50 ~ 100* 米，有时可达每秒 *300* 米，超过声速。龙卷风像巨大的吸尘器一样，经过水库、河流，常卷起冲天水柱，连水库、河流的底部有时都暴露出来。同时，龙卷风又是短命的，往往只有几分钟或几十分钟，最多几小时。一般移动几十米到 *10* 千米左右，便"寿终正寝"了。

龙卷风的形成一般都与局部地区受热引起上下强对流有关，但强对流未必产生"真空抽水泵"效应似的龙卷风。前苏联学者维克托·库申提出了龙卷风的内引力——热过程的成因新理论：当大气变成像"有层的烤饼"时，里面很快形成暴雨云——大量的已变暖的湿润的空气朝上急速移动，与此同时，附近区域的气流迅速下降，形成了巨大的漩涡。在漩涡里，湿润的气流沿着螺旋线向上飞速移动，内部形成一个稀薄的空间，空气在里面迅速变冷，水蒸汽冷凝，这就是为什么人们观察到龙卷风像雾气沉沉的云柱的原因。但问题是在某些地区的冬季或夜间，没有强对流或暴雨时，龙卷风却也频频发生，这就不能不让人深感事情的复杂了。

而且龙卷风还有一些"古怪行为"使人难以捉摸：它席卷城镇，捣毁房屋，把碗橱从一个地方搬到另一个地方，却没有打碎碗橱里的一个碗；被它吓呆的人们常常被它抬向高空，然后，又被它平平安安地送回地上；大气旋风在它经过的路线上，总是准确地把房屋的房顶刮到两三百公尺以外，然后抛在地上，然而房内的一切却保存得完整无损。有时它只拔去一只鸡一侧的毛，而另一侧却完好无损，它将百年古松吹倒并捻成纽带状，而近旁的小杨树连一根枝条都未受到折损。

龙卷风之谜至今仍有待人们不懈地去探索。

20. 地球运动

地球是一颗赤道微凸两极略扁的行星。它以每秒 18.5 英里（29.8千米）的速度绕太阳公转，公转轨道长 583，820，580 英里（193，568，147 千米）。这样，地球公转一周需要 365 天 5 小时 48 分 46 秒。公转轨道是椭圆形而非圆形，太阳正位于轨道中心附近，因此，北半球在 1 月份比 7 月份更接近太阳。然而，北半球在 1 月份却是最冷的时期。很明显，这种椭圆形的轨道结构并不是形成各种季节的决定因素。

地球在公转的同时，还绕地轴自西向东自转。地轴是一条假想的穿过南北两极点的直线，自转周期为 24 小时——运行一天。赤道（行星上最宽的部分）上的任何一处都是以每小时2.4万英里（39,000千米）的速度转动，这种转动速度在向两极方向上不断减弱，直到两极点线速度为零。

地轴并不垂直于它椭圆形的平面：它形成一个23.5度的倾斜角。正是由于这一角度及运转轨道，使地表的不同部分朝向太阳，形成季节的变换。

依据加热地表的太阳能能量多少，地球呈现出不同季节。除了地球两极点与太阳等距离时的春分、秋分两点外，始终是一个极点偏向太阳，另一个极点远离太阳。当北极偏向太阳时，北半球受太阳光照射更直接，每天日照更长。热能积聚的结果就形成了我们所说的夏季。与此同时，南半球正值冬天；南极偏离太阳，所受太阳光照射时间短，以低角度照射的太阳光线强度减弱。

如果地轴没有倾斜将会怎样呢？如果轴线平行于地球椭圆表面，那么长达一周白昼的最热的夏季将出现在两极；假设地轴垂直于椭圆轨道表面，赤道处得到的光线会更强烈，并伴随纬度的升高而减弱，除两极外所有的地方昼夜平分，并且不会产生季节性的变化。

无论何时，地球上一半是白昼，一半是黑夜。偏向太阳的极点每年至少在一次的自转中受到24小时照射。然而由于地球的形状、地轴的倾斜以及地表凹凸不平的影响，使得在任何一个季节里，高纬度地带都会因光线入射角过低，而很难甚至得不到一点热量。另一方面，热带地区因太阳光线终年直接照射而吸收或多或少的持续太阳能。

21. 大 气

我们的气候形成于包围在地球周围的多层的大气结构之中。大气

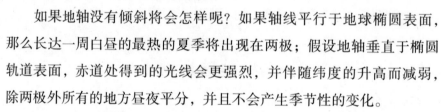

层的厚度为 600 英里（996 千米）。与地球 7928 英里（12，759 千米）长的直径相比，大气就像对着台球呼一口气所形成的薄雾一样。然而，在地球和对人体有害的太空之间，也幸好有这一层薄薄的大气层。大气层吸纳着我们生命所必需的氧气、水汽，防止地球被太阳发出的紫外线烤干。大气层也保护着地球，防止它遭受流星雨的袭击。每年，有数十万吨的宇宙碎片以某一角度进入大气层，但其中许多碎片都在大气层中跳跃（就像打水漂时，在水面上飞行的石头一样），而另外一些则在大气层中烧毁了。月球，正是由于没有大气的保护，不断遭受宇宙碎片的袭击，形成了坑坑洼洼的表面。

地球的大气层由五大层构成，层与层之间有些有明显的界限或过渡层。大气没有外边缘——只是向外逐渐变薄，直到距地表 3100 英里（5000 千米）的地方，再向外则是真空了。以此为边界向内延伸便是外逸层，它主要是由氢原子组成。

大气中原子间由于离得很远，所以很难相互碰撞，甚至在绕地球一周之后也不会碰到其他原子。这些原子以惊人的速度运动，温度高达 4500°F（2500℃）。

贴近地表处，大气密度增大，气压随各大气层气体的增多而升高。在外逸层之下是电离层。

在电离层的底部，两气体分子之间的距离超过 0.5 英里（0.8 千米）。接下来便是中间层，由氢原子和氧原子组成。在这一层中，如果没有特殊的设备仍无法呼吸。

接下来是平流层。平流层含有能吸收来自太阳紫外线的臭氧层。在这一层中，不时的会出现一些高耸的云层，由于对流作用使得这一层很平静，适合于飞机飞行。

平流层通过对流层顶过渡到对流层。这一层顶距两极点 5 英里（8

千米），距赤道则增厚到 *10* 英里（*16* 千米）。*99%* 的气体分子都集中在最低的 *19* 英里（*31* 千米）范围内。在这个范围内，气体分子几乎每移动 *1/300* 万英寸（*0.000008* 厘米），就要和另一分子碰撞，这些气体分子有氧分子、氮分子以及水汽，二氧化碳和其他一些气体。这些分子相互碰撞时所产生的能量不断地进行传递，从而产生了气流——风的来源，这正是全球的气候模式的根本原因。

22. 各种天气的形成

在太阳开始散发光芒之后不久，太阳系的九大行星就产生了，每颗行星都被某种特定的大气环绕着。虽然这些大气产生于相同的基本元素，但不同的运行轨道和时间的推移产生了很大的差异。包围着水星的氦气层包含太少的分子以至于不能形成某种气候。最外层的行星是小冥王星，然而当它运行到离太阳较近时，它就有一个由氮和甲烷组成的薄薄的大气层。然而当它运行到离太阳较远时，它的大气层却是一层静态的，不能形成气候的霜冻薄层。

23. 气体巨人上的天气

被如此称谓的气体巨人——木星、土星、海王星和天王星——它们的大气主要由氢和氦组成的。木星的大气或许延伸到了它的核心（大约 *43，000* 英里即 *69，000* 千米深）——虽然在大约 *600* 英里（*1000* 千米）的深度，氢气压缩变成液态。越往深处气体变得越密集以致像金属一样。在晴朗的夜晚，能够看见木星上被称为大红斑的台风覆盖了三倍于地球面积的地区。在太阳系的强风行星：土星和海王星上，旋转的台风也是如此猛烈——每小时 1200 英里（1900 千米）。天王星，完全倾斜到一边，有 20 年长的季节。当温度达到 - 300°F（- 184℃）的大面积的寒冷的风暴爆发时，标志着春天的融化开始了。

24. 陆地上的天气

金星和火星上有我们所认知的天气。因为金星的轴线几乎不倾斜，它缺少季节变化：它在任何时候都是炎热的。大气有 95% 是二氧化碳，通过温室效应加热着金星地表，平均温度达到 885°F（457℃）。

金星的地表气压是 90 标准大气压（91192 毫巴），而地球地表气压为 1 标准大气压（1013 毫巴），猛烈的东风以每小时 200 英里（322 千米）的速度绕着金星运行，使那里狂风大作。光线透过厚厚的硫酸云层倾泻出来，使金星在夜空中闪闪发光。

火星大气中含有 95% 的二氧化碳，但是它有一个相对小的引力。它的大部分原始气体已经被太阳风吹散了。火星平均地表压力是 0.008 标准大气压（8 毫巴）。气压低，加之极度的干燥，就阻止了水的形成积聚。这意味着火星几乎没有云，薄薄的大气还使火星对于太阳的热量相当敏感：例如，赤道的温度全年在 - 193°F 至 + 72°F（- 125℃至 + 22℃）之间变动。冰层覆盖了火星的两极，它们的融化和冻结受到火星与太阳远近距离的影响，也受到速度为每小时 125 英里（200 千米）的风的影响，它产生了强大的尘埃云，阻挡了太阳光，使冰层的融化慢下来。这些灰尘风暴时常侵袭着整个星体。

25. 天气的创造者

即使在南极洲——地球上最干燥的地方，空气中也含有水分。如果空气是完全干燥的，将会有更多的从地表辐射的热量散失在太空中。值得地球上的生命庆幸的是，空气包含能很好地吸收能量的水汽。更值得庆幸的是，空气中的水汽能够持续不断地得到补充。在不断的循环中，水从陆地和海洋蒸发并聚集成云。然后产生雨、雪或其他形式的降水，其整个过程都是自我循环的。

空气有施加压力的重量。空气越多，重量越大，压力越强。空气的深度——大气层厚度，依据地球的地势而变化。在山巅处空气就比较少，因此大气压就比山谷中气压低。

气压还受温度的影响，温度的高低标志着分子运动的程度。空气分子不停地彼此来回运动，周围的任一分子都可能会碰巧与之相撞，这种撞击继而产生热量。因此气压越强一也就是说，有更多的分子彼此相互碰撞，空气温度就高。此外，运动的分子数量越多，为其所占据的空间就越大。所以，对于给定的同体积的暖空气和冷空气，前者含有的分子数量要少于后者。暖空气较小的密度意味着它比较轻，相对于密度较大，较重的易于下沉的冷空气而言更易于上升。

大气中的水分子在三种状态之间不停地来回转化：气态、液态和固态。雨从云中降落意味着更多的水分子脱离气态并形成小水滴（凝结），相对于水分子从小水滴状态进入气体状态（蒸发）。

这两个过程，凝结和蒸发，在我们周围空气中时时刻刻都在进行着，但因温度不同，进行的速度也会有所不同。例如，在一个晴朗无云阳光灿烂的日子里，热量会加速蒸发的速度，防止空气中的小水滴存活太久。所以，返回水汽的水分子比以小水滴形式存在的水分子要多。空气冷却，蒸发的速度会下降直至蒸发的水分子少于凝结的水分子，在这一点上，我们说空气饱和，水汽通常会凝结成小微滴，形成云、薄雾和浓雾。

26. 气 团

在同一温度、压力和温度下含有或多或少的空气分子的巨大实体称为气团。气团非常大，通常覆盖数万平方千米的面积。它们控制了其形成和途径地区的天气特征。大陆气团比较干燥，海洋气团则比较潮湿，极地气团比较寒冷，热带气团则比较温暖。一个气团或许以一种类型开始，而慢慢变成另一种类型。在前页的地图上描绘出了地球上的最显著的主要气团。

27. 风和洋流

风对波浪的形成有很大的影响，但是它们也驾驭着世界上的海洋洋流。例如，当空气顺时针方向在太平洋高压周围运动时，它会沿着加利福尼亚海岸南下。沿岸的北风使水向南移动，但是受科里奥利效应的影响，近海的水会转向西。结果是深海的冰冷的营养丰富的水连续上升——有利于鱼的生息繁殖，但对游泳者来说是很糟糕的。这股冷洋流还产生了经常出现在旧金山海湾近海雾带。

在冬天，急流有时是形成在半永久性的副热带上空，并向极地方向发展，它把湿空气带进像南欧或美国海湾这样的地区。在热带高压地区，空气受科里奥利效应影响转向西，形成一股持续的风。这股风最初被命名为"贸易风"，是因为它曾经影响那些横越大西洋和太平洋向西方寻求财富的探索者和商人。"信风"完成了哈得来环流圈的环流。它们在部分雷雨地区的赤道附近辐合，被称为赤道低压槽或ITCZ（热带辐合带）。在这儿，空气上升到对流层顶部，又一次经过哈得来环流圈的环流。

哈得来环流圈，像所有的风一样，根据气压的变化有不同的反应。但是在热带地区和中纬度地区之间变化，它显示了风的特性：对从太阳吸收的热量进行再分配。每天海岸线上的微风也在进行着小规模的热量再分配。在晚上或在黎明，海洋比陆地温暖，空气吹向海面。作为回应，仅在海面上方几千英尺或更低处，空气返回陆地，完成循环。当空气在陆地上方以很强的力量上升时，风的传送会转向，当空气像在白天被烘烤一样迅速地变暖，到下午，在地表，陆风已经变为海风，空气在高处转变方向来进行自我补充。

有时风使它们自己的温度产生了异常。许多有着恶劣影响的暖风沿着山坡下滑。当在大盆地形成高压时，例如，南加利福尼亚的东部，温暖干燥的空气被迫穿过洛杉矶盆地附近的山脉。当它上升时，它会稍微冷却下来，然后，它会沿着背风坡快速下沉，形成圣安娜风。当它到达低海拔地区时，会再一次被压缩而加热升温。最终的温度，有时接近100°F（38℃），比在背风坡处最初温度要高得多。

圣安娜风有时会使火势蔓延，产生灾难性的影响。类似的沿斜坡下沉的西风在1995年扇燃了奥吉兰伯克利山火，夺去了25条人命，烧毁了成千上万所房子。另一场干热的下坡风，阿尔卑斯焚风，因为火灾而以"GOTH"（意为哥特人，暗指野蛮）命名。与之有密切联系的能够使雪融化的风是奇努克风，沿着落基山的东斜坡下滑。1943年在南达科他，奇努克风在两分钟内使温度升至44°F（27℃）。许多正在驾车的人们遇到突如其来的热流突然转向摔进沟里，因为突然结冻的防风玻璃上的厚雾使他们看不清事物。

在最近几年，一些风不断侵扰人们。古罗马时期人们几乎不用担心那不勒斯西罗科风，但是现在由于小山丘的树木已被伐光，风的流动不被阻碍，它通常把那些令人讨厌的热空气带向低海拔地区。而且它被指责为引发疾病的罪魁祸首，其症状有情绪低落、困倦、过敏和严重的周期性偏头痛。以色列的沙拉尔风被认为能引起类似的病态，一些科学家相信它影响了内分泌的平衡。一股干燥的下滑的风，法国的罗纳大山谷的密史脱拉风，实际上是一股冷空气，它有时以每小时接近 100 英里（160 千米）的速度向里昂湾狂啸而去。

28. 露、霜、雾

在一个晴朗的晚上，地面因向上散热而冷却。到了早晨，草叶和其他地面上缀有晶莹的水珠——露，在早晨时，草叶的温度低于露点温度，从而使空气中的水汽液化，直接凝结在植被上，好像是附在一个巨大的气溶胶上一样。一些草坪每年可以通过这种方式，一滴一滴的收集到相当于 2 英寸（5 厘米）深的雨水。

当地面冷却到冰点以下，大气中的水汽就会沉积成冰霜。如果玻璃窗达到足够的低温，窗玻璃内壁就会收集室内的水汽，形成纹路清晰的冰花。另外，在一个有霜的天气里，树干的底部可能会形成一个无霜圈。树叶和枝干吸收了下面反射上来的热量，并将其反射回周围的土壤中，从而使地表的温度得以保持，而霜无法在其表面形成。

当空气在散发热量的地面上空经历了一个漫长而又寒冷的夜晚而冷却后，它就会凝结成一种水平流动的层云，气象学称之为辐射雾。

123

这种雾，裹携着其所有在空气中生成的液滴，在距地面半英里（1千米）或者更短的距离内，能见度递减。当轻拂的微风足以带动气流致使空气中的水汽能有效地与寒冷的地面进行热量互换和循环时，如果有太多的风，水汽就会分散。

山谷之间能产生平流雾之类的浓雾，当密度较大的冷空气从山的侧面滑落继而垂悬在山谷或湖泊之上时，此种雾形成。当像这样的雾一旦形成于宽阔的加利福尼亚中部大山谷中，便在山谷上方的相对较温气流之下滞留数日。这种雾的，厚度可达1700英尺（500米），在白天里可能还会出现短暂的上升。只有延长了的强烈的日照才会使地面达到足够温度，使云消散。一种类似的地面空气的冷热转化促进了薄雾的生成，其中的气溶胶浓缩成雾一般的水汽，但是不能达到云彩中液滴的规模。潮湿的气溶胶能分散光线以至于干扰视线，但很少像雾那样使之透明。

并不是所有的雾都代表滞留的空气。雾在某处寒冷的地表上方凝结，然后再移至别处，或者当冷空气经过时，在水面上形成。海洋上的雾通常向内陆流动，尤其是在夏天，当气压笼罩着炎热的大地而引来海风时。这种过程在华盛顿州的失望角造成每年长达2500小时的厚雾，而在纽芬兰和阿根廷则每年长达206天有雾。

29. 水和冰

云团能在温度低达 −35°F（−39℃）时含有液态水。当冰晶在小水滴周围形成时，这些小水滴就会失去水分。由于水汽对冰和水的饱和度有细微的差别，使这种条件下的水汽更容易沉淀在冰晶上而不是凝结在水滴上。当冰晶吸收水蒸气不断长大时，失水的空气通过从小水滴中吸收蒸发的水汽来弥补。几分钟后，每个冰晶冻成相当于*100*万个小水滴那么大，而云中的小水滴却不断缩小直至消失。

较大的冰晶降落下来并且经常同较慢、较小的冰晶发生碰撞。一连串的反应使原来冰粒的碎片形成新的冰晶。随着他们在较低处融化并变潮湿，这些冰晶便拼在一起形成雪花。当加速到每小时*20*英里（*32*千米）时，雪花便融化形成雨滴。

最大的雨滴下降最快，在一个被称作并合的过程中，它并合了其他小水滴（在热带地区以及有时在其他地方，即使云团不含冰晶，这种小水滴的并合也足以产生雨滴）。当直径大到约*1/15*英寸（*0.5*厘米）时，空气阻力会把雨滴从紧缩的球形变成类似宽汉堡包的形状。最终空气阻力将大的雨滴扯碎，使之不能变得更大。从来没有云团能下泪珠状的雨滴。

天气预报者并不是总能预测出究竟是下雨还是下雪。高空的雪有时会在一股温暖的气流中融化，只是在地表附近重新凝结，产生叫做雨夹雪或冰雹的冰粒。如果雨水温度降至零下仍是液态，就形成过冷的冰雨。当冰雨落到已冰冻的地面，就会迅速形成叫做雨凇的冰面。这样，仅仅几度的气温变化或几百英尺的冷空气，就能使给人们带来不便的泥泞地面变成危险光滑的冰冻路面。

30. 冷凝的雾凇和雨凇

雾凇和雨凇俗称"树挂"。在寒冷的冬季，近地面有雾，而且雾内小水滴的温度已在*0℃*以下时，一些树枝、电线或近地面物体的突出部位，有类似霜一样的乳白色凝结物，这就是雾凇。

雾凇有两种：一种是过冷却雾滴碰到冷的地面物体后迅速冻结成

125

粒状的小冰块，叫粒状雾凇，它的结构较为紧密。另一种是由过冷却雾滴凝华而形成的晶状雾凇，结构较松散，稍有震动就会脱落。

如果在近地面存在一个逆温层，即温度自地面向空中有逐渐递增的趋势，那么当云中的过冷雨滴降至温度低于0℃的地面及树枝、电线等物体上时，会立即冻结成透明或半透明的冰层，使树枝或电线等变成粗粗的冰棍，有时还边滴淌、边冻结，结成一条条长长的冰柱，这就是雨凇。雨凇也叫冰凌、树凝，形成雨凇的雨称为冻雨。

我国大部分地区雨凇都在12月至次年3月出现。雨凇最多的地方是四川的峨眉山，平均每年出现135.2天，最多的年份出现167天。雾凇出现最多的地方是在吉林省的长白山，年平均出现178.9天，最多的年份有187天。

严重的雨凇会压断树枝、作物、电线，影响交通。如河北承德于1977年10月27—28日出现了一次罕见的雨凇，使60多万棵树折断。

31. 电荷碰撞生雷电

闪电和打雷是大气中的一种放电现象。在人们不知道雷电发生的原因之前，以为天上有"雷公"、"电母"之神，还杜撰了"雷劈孽子"的故事来警告那些忤逆不孝的人。

1752年7月的一天，美国科学家富兰克林冒着生命危险，在雷雨中将一只带有铁丝尖端的丝绸风筝放上了天，结果把天雷引到了地面。这次实验揭开了千百年来的雷电之谜：原来，天上的雷电和我们平时看到的两个物体摩擦生电完全是一回事。

在夏季闷热的午后及傍晚，地面的热空气携带着大量的水气不断上升到天空，形成大块大块的积雨云。积雨云的不同部位聚集着正负两种电荷，这时地面因受到近地面积雨云中的电荷感应，也带上了与云底不同的电荷。我们知道，不同的电荷是会相互吸引的，但是空气的导电性能很差，它阻挡着正负两种电荷的会合。当云层里的电荷越聚越多，达到一定强度时，就会把阻挡它们会合的空气层击穿，打开一条狭窄的通道，强行会合。由于云中的电流很强，通道上的空气就会被烧得炽热，温度比太阳表面还要高好几倍，所以会发出耀眼的白光，这就是闪电。雷声是因为通道上的空气和云滴受热而突然膨胀后发生的巨大声响。闪电和雷声是同时发出的，但由于闪电是光，它的速度（每秒30万公里）要比是声音的雷的速度（每秒340米）快得多，所以我们平时总是先看到闪电，后听到雷声。

雷电可以击毁房屋，造成人畜伤亡，还会引起森林火灾，破坏高压输电线路。雷电更是安全飞行的大敌。如飞机误入雷雨云中，易遭受强烈颠簸，使飞机外壳结冰，甚至遭受直接电击，造成飞行事故。

当然，雷电并不都是坏事。仲夏季节产生雷电的雷雨云往往伴随着降雨，能给农作物提供充分的水分。雷雨将大气中的灰尘、烟雾等污染物冲刷一光，起着净化大气的作用，使雨后的空气变得更加清新。另外，闪电产生的高温，能使空气中氮气和氧气直接化合成二氧化氮，随雨水渗入土壤中变成硝酸盐，它是肥田的上等肥料。

32. 色彩缤纷的虹霓

在炎热的夏天，一阵暴雨过后，有时我们能看见一条七色的彩环横跨南北，悬挂有空中，这就是虹。有时在虹的外侧还能看到第二道虹，光彩比第一道虹稍淡，称为副虹或霓。虹和霓色彩的次序刚好相反。虹的色序是外红内紫，而霓的色序是外紫内红。

我国早在殷代甲骨文中，就有关于虹的记载。古人以为虹是龙在雨后的显形，所以虹字带上了"虫"字旁，并一直沿用至今。其实，虹是飘浮在空中的小水滴反射太阳光而形成的。如果我们在天气晴好的早晨或傍晚，背着太阳站着，然后用嘴向空中喷出一口水，就会看到在那些水珠上面有一条小小的彩虹。而一场大阵雨后的空气中，就飘浮着许多像这样的小水珠，它们就像一个个悬浮在空中的三棱镜，太阳光通过它们时，先被分解成红、橙、黄、绿、青、蓝、紫七色光带，然后再反射回来。这时，如果有人站在太阳（在地平线附近）和雨滴形成的"雨幕"之间，就会看到一条色彩缤纷的彩虹。如果太阳经过小水滴的两次折射和反射，那么在虹的外侧就会出现颜色稍淡、排列相反的霓。

虹的色彩鲜艳程度和虹带的宽度与空气中的水滴大小有关。水滴大，虹就鲜艳清晰，比较窄；水滴小，虹就淡，也比较宽，如水滴过小，就可能没有虹。

虹主要出现在夏季，冬季很少见。这是因为夏季多雷阵雨，雨滴也较大。往往一阵雨过后，很快转晴，空中尚飘浮着很多小水珠，经太阳照射后就形成了虹。冬天一般天气干燥，下雨机会少，阵雨就更少，所以冬季较难见到虹。

33. 预兆天气的霞

在日出和日落前后，天际有时被染成红或橙红色的艳丽色彩，这就是霞。出现在早晨的叫朝霞，出现在傍晚的叫晚霞。

霞是怎样产生的呢？日出和日落时分，太阳光要通过较厚的气层才能照射到地平线附近的空中，当阳光通过大气层时，因紫色光和蓝色光波长较短，被散射减弱得很厉害，到达地平线上空时已所剩无几了。余下的光线只有波长较长的红、橙、黄色。这些光线经地平线上空的空气分子、水气和尘埃杂质的散射后，我们就能看到色彩艳丽、美如画卷的彩霞了。

空气中的水汽、尘埃杂质越多，彩霞的颜色就越鲜艳。天上如有云块，这些云块也会"染"上艳丽的色彩。

1883 年 8 月 23 日，印度尼西来的喀拉喀托岛上，发生了一次强烈的火山爆发。喷发出的火山灰渣约有 180 亿立方，大量细小尘埃升到七八万米的高空，长期弥漫于天空。所以那一年，世界各地看到的彩霞都特别鲜艳美丽，人们称之为"血霞"。

由于霞的颜色和鲜艳程度与大气中水气的含量、尘埃多少有关，因此，霞的色彩与出没对天气变化有指示意义。谚语说："早霞不出门，晚霞行千里"，就是说早霞预兆雨天，晚霞预示晴天。

34. 空气流动成风

空气流动就成风。空气流动得越快，风就越大。对于大范围的空气来说，它的运动有上下左右区别。气象学上把空气的上下运动叫做垂直运动，也叫做对流，而空气的水平运动就是风。

空气的水平方向流动，是各地气温和气压分布不均匀造成的。空气流动的规律，是从气压高的地方流向气压低的地方，于是就产生了风。高气压和低气压之间的气压差越大，空气流动的速度越快，风也就刮得越大。

人们认识风，必须知识风向和风速。习惯上把风的来向定为风向。如西北风，是指从西北方向吹来的风；东南风即为东南方向吹来的风。

风速是指单位时间空气流过的距离。风速根据风力的大小划分为0——12的13个等级。风速和风级的对应关系可用下表表示。

尽管风级划分为12级，但自然界的实际风速有的还要大得多，如龙卷风的风速甚至达到每秒200米以上。

风是天气变化的主要因素，不同的风能产生迥然不同的天气。地球上除了常年不变的信风和随季节变化的季风外，还有台风、龙卷风、海陆风、山谷风、焚风、布拉风、干热风等形形色色的风。

风对人类既有利也有弊。一年一度的季风给我国大部分地区带来大量的雨水。大风是一种取之不尽、用之不竭的无污染的能源。但大风、台风、龙卷风、干热风等又会给人民生命财产和农业生产带来巨大的威胁。

风级、风速对照表

风　级	名　称	风速（米/秒）
0	无　风	0－0.2
1	软　风	0.3－1.5
2	轻　风	1.6－3.3
3	微　风	3.4－5.4
4	和　风	5.5－7.9
5	清　风	8.0－10.7
6	强　风	10.8－13.8
7	疾　风	13.9－17.1
8	大　风	17.2－20.7
9	烈　风	20.8－24.4
10	狂　风	24.5－28.4
11	暴　风	28.5－32.6
12	飓　风	32.7－36.9

第三章

学生爱护生物的教育

1. 昆虫为何具有卓越的建筑技巧

在我国广西和云南两地的南部以及海南岛，都有许多耸立在那里像塔一样的"建筑物"。这是白蚁为自己建造的巢，人们称它为"蚁塔"。

蚁塔一般高为 2~3 米，最高的竟达 6 米。它主要是用泥土以及少量的白蚁分泌物和排泄物建成的，这种建筑很结实，风吹雨淋也不会倒塌。

蚁塔内部结构极为复杂，通常有 1 个主巢和 3~5 个副巢，巢内又分隔开，形成许多小室。一般主巢的中部，是蚁王和蚁后的"王室"，此外，还有孵化室、羽化室、仓库等。蚁塔内还建有一些竖直的空气调节管道，以及沟渠和堤坝，用来流通空气和排除流入的雨水。

在河里、水洼及沟渠等处，人们还可以看见沼石娥幼虫建造的精巧而细致的"套子房屋"。沼石娥幼虫下唇末端有一块不大的唇舌，上面有丝腺孔，孔中分泌出一种能在水里迅速凝固的黏性物质，幼虫把这种黏性物质涂抹在小介壳、沙粒及植物碎屑等物的上面，并把它们粘起来。幼虫还把这种分泌物抹在套子房屋的内部，让"房子"光滑、整洁。

沼石娥幼虫还能够利用其他的东西作为建筑材料。有人试验证明：给它小玻璃球或捣碎的玻璃屑，它就会造出一座小巧玲珑的玻璃房子。

蜜蜂的建筑更让人难以相信，如果你仔细观察蜂巢，就会发现它是由无数六角柱状体的小房子联合起来的。房底呈六角锥体状，它包括 6 个三角形，每 2 个相邻的三角形可以拼成 1 个菱形，1 个房底由 3 个相等的菱形组成。18 世纪初，法国学者马拉尔琪经过仔细测量，发现每个房底部 3 个菱形截面的角度都相等，菱形的锐角为 $70°32'$，钝角为 $108°28'$。经过计算得知，以这样的菱形而组成的蜂巢结构，容量最大，而所需的建筑材料最少。

这些昆虫为什么具有如此卓越的建筑技巧才能呢？至今还没有人能解开这个谜。

2. 鸟类为什么要迁徙

鸟类为了生存,每年到了一定的季节,都要由一个地方飞往另一个地方,过一段时间又飞回来,人们把鸟类的这种移居活动,叫作"迁徙"。

鸟类为什么会有迁徙现象呢?

有的科学家认为,远在 10 多万年前,地球上曾出现过多次冰川期。冰川来临时,北半球广大地区冰天雪地,鸟类找不到食物,只好飞到温暖的地方。后来冰川逐渐融化,并向北方退却,许多鸟类又飞回来。由于冰川周期性的来临和退却,就形成了鸟类迁徙的习性。如果真是这样,那么鸟类的迁徙现象早在几百万年前就存在了。

有的科学家认为,鸟类迁徙的根本原因是受体内一种物质的周期性刺激而导致的。这种刺激物质可能是性激素。有时候,由于这种物质刺激导致的迁徙本能,可能超越母性的本能,因此,在这些鸟类中往往可以看到,当迁徙季节来临时,雌雄双亲便抛弃刚出生的小鸟而远走他乡。

也有的科学家用生物钟来解释鸟类迁徙现象。

现在,人们普遍认为,鸟类的迁徙与外界环境条件的变化和它自己内在生理的变化有着密切的关系。

而鸟类的迁徙总是按固定不变的路线飞行,从不迷失方向,这是为什么呢?

有的科学家认为,鸟类是通过视觉,依据地形、地物与食物来辨认和确定迁徙路线的。而有的科学家认为,鸟类在白天迁徙时是以太阳的位置来辨认迁徙方向的,夜晚则以星宿的位置确定飞行的方向。有的科学家则认为鸟类的迁徙路线是靠鸟类对地球磁场的感应确定的。

科学家们对鸟类为什么迁徙和鸟类迁徙为什么不迷失方向等问题各有其理,究竟谁是谁非,还需要科学家们进一步深入研究才能确定。

3. 企鹅识途之谜

科学家们在南极发现，那里的企鹅每到冬季就出海，到未结冰的地方去捕鱼为生；等春天到来的时候，它们又长途跋涉，回到自己的故乡，并且准确无误。这一段距离足有几百里，甚至上千里。要知道，南极洲是一片茫茫雪原和冰川，没有任何目标可供企鹅识记。

为了揭开企鹅识途之迷，科学家们曾做了这样一个实验。他们捕捉了 5 只未成年的企鹅，在它们的身上做了标记，然后把它们转移到距离它们的故乡 1900 千米以外的被冰雪覆盖的 5 个不同地点放掉。1 个月以后，它们靠步行、滑行和游泳，穿越没有任何标志的冰川雪原，一个不少地回到了故乡。

这使科学家们困惑了。本来，人们采用了现代化的技术，对候鸟往返、动物迁徙、鱼类洄游等现象进行研究，可至今还没有得出令人满意的结论。企鹅这种独特的识途能力又向科学家们提出了挑战。为解开企鹅识途之谜，各国的动物学家纷纷奔赴南极进行研究和观察。

在南极洲，科学家们做了各种各样的试验。有人在远离企鹅故乡几百千米以外的地方，将一只只企鹅分别放进洞穴里，在上面盖上盖子。那里一马平川，没有任何标记和特征。然后他们在 3 个不同位置的观测塔上观察放企鹅的地方。过了一段时间，企鹅从洞里出来了，起初，那几只企鹅不知所措地徘徊了一阵，随后就不约而同地把头转向同一个地方——它们的故乡所在的方向。经过多次观察，科学家们初步认定，企鹅识途与太阳有关，而与周围环境无关。它们体内的"指南针"是以太阳来定向的。但是，企鹅要想用太阳来定向，它就必须具备与太阳相配合的体内时针，以便能从某一特定时刻的太阳位置来推定出哪儿是它们的家乡。可是，企鹅的体内时针是什么？它又是怎样与太阳相配合的？这些人们一时还说不清楚。

4. 鱼类洄游之谜

在鱼的世界里,有些鱼类如鲑鱼、鳗鱼和鲱鱼等,就像候鸟一样,在大海里成长,在淡水河流里繁殖。让人费解的是,这些鱼在万里水域中洄游,它们既看不到星星,也无法利用地形目标,它们是怎样辨认出往返的路线的呢?这使科学家们大伤脑筋。

就拿鲑鱼来说吧,它出生在淡水江河里,生长发育却是在遥远的大海里,这段路程足有上千里,甚至上万里。它们为了回故乡产卵,不得不穿越一道道激流险滩。当它们回到故乡后一个个已经累得筋疲力尽,产完卵后,就该寿终正寝了。问题是它的洄游不是在短期内,往往需要几年才能返回一次。因为一条鲑鱼在江河里出生后,到大海里生长,需三四年才能够性腺成熟,返回江河里来产卵。事隔这么多年它怎么还能记住洄游的路线呢!

一些动物学家从水流、气温、饵料等方面来探讨鱼类洄游的原因。最近由于鱼类"识别外激素"的发现,把这一问题的研究推进了一步。这种物质可以使鱼之间区别同一种类的不同个体。比如母鱼产仔后,就会放出这种物质,幼鱼嗅到后,就会自动呆在一定的水域,以利于母亲进行照料和保护;相反,幼鱼也会放出这种物质,以便母亲相认。有人分析,会不会在鱼类出生的地方有着某种特异的气味,把千里以外的鱼吸引回来呢?但令人不解的是,这种气味能存在三四年吗?它们洄游有海路也有江河,难道这种气味就不发生变化吗?因此有人猜测,除了这种"识别外激素"之外,还应有一种东西作用于鱼类的洄游。那么,这种东西是什么呢?

5. 老鼠为何不能绝迹

老鼠在哺乳动物中,个体数量最多,分布最广,但它给人类带来很大的危害，可算是人类的敌人，多少年来，人们一直在想方设法消灭老鼠，但始终不能使它绝灭。

人们先用机械的办法捕杀老鼠，但这种办法杀灭老鼠的数量十分有限。近几十年来，人们发明了许多杀灭老鼠的药物。可每次用一段时间后，这些药物也就失去了作用。据说，苏格兰的一个农户发现了不怕老鼠药的老鼠。科学家研究发现，这种老鼠已具有遗传性的抗药能力，也就是说这种老鼠已具备了抗药的基因，它们的"子子孙孙"也都能抵抗药害。

老鼠不但不怕药害，而且连具有强大杀伤力的核放射也不怕。据1977年7月的美国《地理杂志》报道：第二次世界大战之后，美国在西太平洋埃尼威托克环礁的恩格比岛和其他岛屿上试验原子弹，炸出一个巨大的弹坑，炸断了所有树木，同时放射出强大的射线。几年后，

生物学家来到恩格比岛，发现岛上的植物、暗礁下的鱼类以及泥土都还有放射物质，可是岛上仍有许多老鼠。这些老鼠长得健壮，既没有残疾，也没有畸形。这可能与老鼠洞穴有一定的防御作用有关。然而，老鼠本身的抵抗能力也是非常令人惊讶的。

有趣的是，老鼠也有"集体自杀"的现象。

在挪威、瑞典等北欧地区，有一种老鼠，叫"旅鼠"。这种老鼠体长10～15厘米，尾巴短，毛呈黑褐色。每隔三四年，当旅鼠缺乏食物时，就成群结队地离山而去。它们爬山涉水，前仆后继，勇往直前，沿途的植物全部被吃完。它们一直走到大海边，跳入海中，全部被淹死。

1981年春，在西藏墨脱的一个江边拐弯处，成群的老鼠从四面八方聚集在那儿，集体从山崖顶上往江里跳。结果所有老鼠都被翻腾的江水淹死了。

老鼠"集体自杀"的原因还不清楚，有的科学家认为，可能那些到了海边的老鼠，认为海洋也只不过是一条它们可以游过的小溪或一

潭水，而没有意识到那是游向死亡。

从表面上看，每一次自杀的老鼠数量很大，然而，与老鼠的总体数量相比，那就像大海中的一滴水了。

老鼠为什么不能灭绝，它为什么有如此大的抵抗能力呢？要揭开这些令人费解的谜，还需要科学家们不断地探究。

6. 野兽为什么会抚养人孩

1972年5月，印度人那尔辛格正骑自行车穿过森林时，忽然看见一个大约3～4岁的小男孩，正爬着与4只小狼玩耍。

那尔辛格上前抓住这个小孩，并把他带到村里。这个小孩牙齿锋利，一路上把那尔辛格的双手咬得鲜血直流。

那尔辛格把这个小孩当作赚钱的工具，让他与狗一起，到处展览、表演，过着悲惨的生活。人们把活着的小鸡投给他，他竟马上抓住啃咬起来。

5个月之后，他才开始艰难地学用双腿走路。

1981年1月，他被送到一家医院进行治疗。在医院里他"野性不改"，见到地上的蚂蚁，就抓起来往嘴里塞；睡觉或休息时，他总是面朝下趴着，向前伸出双臂，向后伸双腿。

这个小孩就是人们所说的"狼孩"。此外，1964年，又在立陶宛发现一个"熊孩"，他走路摇摇晃晃，喜欢敲打树木，会发出呵哮，一副十足的熊样；1974年，还发现两个"猴孩"，他们像猴一样跑跳、爬树，只吃香蕉。

这些小孩由于脱离了人类，较长时间与狼、熊、猴等野兽共同生活，因此，他们的生活习性便像与他们共同生活的野兽了。

当他们回到人类社会后，尽管会慢慢地往"人性"方面发展，但由于错过了心理上、生理上发育的最好时期。因此，他们在各方面也仍比一般儿童落后。

人们难以相信，凶猛的野兽为什么不伤害小孩，反而变得"温柔"起来，并把人孩抚养大呢？

科学家们在考察中发现，那些抚养人孩的野兽都是雌性的。因此，有人认为，也许是母兽生下小兽时间不长，小兽就死了，母兽的乳汁无法排出，胀得难受，恰巧遇到被遗弃的人孩，于是就让他吸乳汁。

然而，事实上，有的母兽在"抚养"人孩的同时，还哺育着自己的小兽，因此乳汁多到"胀得难受"的说法也难以让人信服。

至今还没有一个恰当的理由来解释母兽为什么要抚养孩子这个问题。

7. 动物也有心灵感应吗

动物和人一样，也具有超常感本能，它们也能够预感危险，这就是它们的心灵感应。

在美国，有只两岁的英格兰血统牧羊犬博比，它的主人名叫布雷诺，家住美国俄勒冈州。1923 年 8 月，布雷诺带着小狗博比从俄勒冈州去印第安纳州的一个小镇度假时，博比不幸走失了。从此博比开始了它神奇、惊险、而又极不平凡的超常旅程。博比用了 6 个月的时间，历尽千难万险，历经 3000 里路程，终于从印第安纳州回到了俄勒冈州的家，找到了它的主人。

对于博比这次艰险的 3000 里旅程，很多人觉得简直难以置信。为了进一步证实这次旅程，俄勒冈州的"保护动物协会"主席返回到博比走失的原地点，勘查了这条小狗所走过的所有路径，访问了沿途许许多多见过、喂过、收留它住宿、甚至曾经捉过它的人，最后证实了这一切确实可信。

在人们都赞扬博比的忠诚、勇敢、坚毅的同时，科学家却想到了一个不可思议的问题，博比在几千里外是怎么找到路回家的？当初他的主人是开车走的公路，博比并没有沿着它的主人往返的路线走，而它走的路与主人开车走过的路一直相距甚远。事实上，根据动物协会勘查的结果，博比所走过的几千里路是它从来没有见过、没有嗅过，也根本不熟悉的道路。

对博比这次旅程经历研究的结果使人们相信，这条小狗之所以能回家，是靠着一种特殊的能力和感觉觅路的，这种本领与已知的犬类感觉完全不同。有人认为动物这种神秘的感觉和能力是一种人类尚未了解的超感知觉，或者称之为超常感。这个名词源于希腊文的第23个字母，用于代表自然界动物的超自然感官本能。它指的是有些动物能够以超自然的感觉感知周围的环境，或者与某人、某事，或与其他动物之间有着心灵的沟通。然而，这种沟通似乎是通过我们人类并不知道又无法解释的某些渠道进行的。

在意大利，有只名叫费都的小狗，它的主人去世后它非常伤心，以至为它的主人默默地守墓13年，不论别人怎么想把它弄走，它始终不肯离去。

多少年来，在世界各国都发现了很多动物的超常感行为。例如，它们有的会跑到从来没去过的地方找到主人，有的似乎还能预感到自己主人的不幸和死亡，有的能预感到即将来临的危险和自然灾害。如地震、雪崩、旋风、洪水以及火山爆发等。

1976年唐山大地震之前的四五天，就有好多人发现家里鸡犬不宁，猪、狗乱叫，一向很怕见人的老鼠一反常态拼命地逃离房屋，往大街上乱窜，动物园里的动物也莫名其妙地横冲直闯。据有关报纸称，1999年8月在土耳其发生大地震之后，地震严重的灾区平时人人喊打的老鼠一下子身价百倍，很多惊恐不安的灾民之所以想在家里养一只老鼠，原因很简单，因为他们发现地震来临之前，老鼠总是先有异常的表现。

动物的主人在大祸来临时，可能会影响动物的超自然感觉。反过来，也可能影响动物的主人。曾担任加拿大总理22年的麦肯齐·金就曾预感到他自己十分喜欢的爱犬帕特要大祸临头的遭遇。有一次，总理的手表突然掉在地上，时针和分针在4点20分停住了。这位总理说："我不是个通灵的人，不过我当时就知道，仿佛有个声音在告诉我说，帕特在24小时内就要死了。"第二晚上，帕特爬到它主人的床上，躺在那里静静地死去了，时间恰好是4点20分。

动物的超常感，引起了世界各国的科学家的重视，并作了大量的研究。科学家们发现，某些动物确实具有一些非常奇特的感觉本能，并能以独特的方式利用人类具有的五种感觉本能，而还有一些动物的某些感官功能是我们人类完全没有的。而还有一些动物的超常感则是我们现在还没能完全了解到的。1965年,荷兰的动物行为学家延伯尔根在他著的书中写道:"许多动物的非凡本能以特殊生理作用为基础,至今,我们还没有了解这些作用,因而,才把这些本能叫做'超感知觉'"。

动物世界有着许许多多我们未知的领域，在这些领域里，充满神奇和奥秘。即使今天的动物学研究已经有了很大的发展，但动物的超常感本能的奥秘仍然是我们所不了解的。

8. 动物为何能雌雄互变

男变女、女变男，平常对人类来说是不可能的，即使是在高科技的今天，在医学手术的帮助下，变性也是一件不容易的事。但在生物界中，却是一种司空见惯的现象。

人类对这种性逆转现象的研究首先是从低等生物——细菌开始的。在人的大肠里寄生着一种杆状细菌，被称为大肠杆菌。在电子显微镜下可以发现，大肠杆菌有雌雄之分，雌的呈圆形，雄的则两头尖尖。令人惊奇的是，每当雌雄互相接触时，都会发生奇异的性逆转，即雄的变为雌的，雌的则变为雄的。后来经科学家研究，发现雌雄互变的媒介在于一种叫"性决定素"的东西，当雌雄接触时，就将彼此的"性决定素"互赠给对方，从而改变了彼此的性别。

后来科学家们又发现，在比细菌高等的生物体上也存在性逆转现象，诸如沙蚕、牡蛎、红鲷、黄鳝、鳟鱼等等。有人认为这些生物的原始生殖组织同时具有两种性别发展的因素，当受到一定条件刺激时，就能向相应的性别变化。

沙蚕是一种生长在沿海泥沙中，长得像蜈蚣一样的动物。当把两条雌沙蚕放在一起时，其中的一条就会变为雄性，而另一只却保持不变，但是，如果将它们分别放在二个玻璃瓶中，让它们彼此看不见摸不着，则它们都不变。

还有一种一夫多妻的红鲷鱼，也具有变性特征。当一个群体中的首领——唯一的那条雄鱼死掉或被人捉走后，用不了多久，在剩下的雌鱼中，身体强壮者，体色会变得艳丽起来，鳍变得又长又大，卵巢萎缩，精囊膨大，最终成为一条雄鱼而取代原来丈夫的职位，若把这一条也捉走，剩下的雌鱼又会有一条变成雄鱼。但是如果把一群雌红鲷鱼与雄红鲷鱼分别养在两个玻璃缸中，只要它们互相能看到，雌鱼群中就不能变出雄鱼来，但如果将两个缸用木板隔开，使它们互相看不见，雌鱼群中很快就变出一条雄鱼。这究竟是为什么，还是一个未解之谜。

再有，海边岩礁上常见的软体动物——牡蛎，也是一种雌雄性别不定的动物，有一种牡蛎，产卵后变为雄性，当雄性性状衰退后又变为雌性，一年之中可有二次性转变。然而牡蛎过的是群聚生活，不管雄性个体与雌性个体，为什么还会有"朝雌暮雄"的性变态呢？

我们常见的黄鳝在"青春年好"时节，十有八九为雌，产卵之后转为雄性，因为大黄鳝中十有八九为雄。这又是为何，人们也不清楚。

有人对鱼类的"变性之谜"进行了研究，认为鱼类改变性别的目的，主要是为了能够最大限度地繁殖后代和使个体获得异性刺激。美国犹他大学海洋生物学家迈克尔认为，在一种雌鱼群或一种雄鱼群中，其中个头较大者，几乎垄断了与所有异性交配的机会。这样，当雌鱼较小时能保证有交配的机会，待到长大变成雄性时，又有更多的繁育机会，与性别不变的同类相比，它们的交配繁育机会就相对增加了。同样，在从雄性变为雌性的鱼类中，雌鱼的个体常大于雄体。雄鱼虽小，但成年的小雄鱼所带有的几百万精子，足够使再大的雌鱼所带的卵全部受精。另外这些雌鱼与成熟的无论个体大小的雄鱼都能交配。因此，它们小一点的时候是雄鱼，长大以后变雌鱼，不仅得到交配的双重机会，而且与那些从不变性的鱼类相比，又多产生1倍的受精卵，这对繁殖后代大有益处。

在动物界里频频发生的性变现象，至今仍没有一个令人满意的、科学的解释，还需要人类进一步的研究、探索。

9. 动物为什么能充当信使

鸽子当信使是早为人知的事，但狗、鸭等其他动物也能当信使就鲜为人知了。

1815年，法国的拿破仑在滑铁卢战役中被击败。得胜的英军把写有这个消息的纸条缚在一只信鸽的脚上，结果这只信鸽飞越原野，穿过海峡，回到伦敦，第一个把胜利的消息送到了伦敦。

1979年，我国的对越自卫反击战中，某部一个侦察员得了急病，医生诊断需用一种药品，可身边没有，如果派人去后方取药，已经来不及了，他们便用军鸽去后方取药，仅用30分钟就取回来了，使病员得到及时抢救。

只要对狗加强训练，狗也可成为称职的信使。在法国巴黎，有些人在缴付报费后，每天准时派训练过的狗到附近的报亭中去取报。

美国著名的动物学家佛曼训练了一批野鸭，让它们把气象表和各种科学情报送到很远的地方去。这些野鸭还能将捆在爪子上的照片和稿件，送到报社。

上世纪末法国科学家捷伊纳克还利用蜜蜂和 5 千米以外的朋友保持通讯联系。他们互相交换了一些蜜蜂后，便将它们禁闭起来;需要传递信件时,就把写满字的小纸片粘在蜜蜂的背面,然后放飞。蜜蜂信使便向自己的"家"飞去。当它们进入蜂房时,信件就被卡在蜂巢的入口处。

此外，水中的海豚、扁鱼也是忠实的信使，它们可以在水面或水下传递报刊、书信。

有些动物之所以能从事传递信息工作，是因人们利用其归巢的生活习性;而有些动物则要通过训练，让它们具备有条件反射能力，才能胜任信使工作。

那么，有些动物，比如鸽子，长途飞行为什么不会迷路呢?

有些科学家认为，鸽子两眼之间的突起，在长途飞行中，能测量地球磁场的变化。有人把受过训练的 20 只鸽子，其中 10 只的翅膀装了小磁铁，另外 10 只装上铜片，放飞的结果是：装铜片的鸽子在 2 天内有 8 只回家，可是带磁铁的鸽子 4 天后只有 1 只回家，且显得筋疲力竭。这说明小磁铁产生的磁场，影响了鸽子对地球磁场的判断，从而断定鸽子对飞行方向的判定的确与磁场有关，也有些科学家认为，鸽子能感受纬度，因此不会迷路;更多科学家认为，鸽子能感受磁场和纬度，它们用这些感受来辨别方向。

科学家们不但对鸽子飞行为什么不迷路各持己见，而对其他动物长途跋涉不迷路也是众说纷纭，谁是谁非，有待科学家们进一步研究。

10. 动物为何有互助精神

我们经常可以看到，各种动物为了自己的生存，与不同类甚至同类动物展开你死我活的斗争，然而，在少数动物间也有互助互爱，乃至舍己救人的行为。

在一个动物园里，美国斯坦福大学的生物学家们发现一只名叫贝尔的雄性黑猩猩常常从地上拣起一根根小树枝并认真地摘掉枝上的叶子，站在或跪在雄性黑猩猩身边，一只手扶着雄性黑猩猩的头，另一只手拿着光秃秃的小树枝，伸到雄性黑猩猩的嘴里剔去它牙缝中的积垢。原来它是用小树枝作"牙签"给雄性黑猩猩剔牙的！有时，贝尔找不到一个合适的"牙签"，就直接用手指给雄性黑猩猩剔牙，科学家们观察了6个月，发现几乎每一天，贝尔都会给别的猩猩剔1次牙，每次3～15分钟。

生活在草原上的白尾鹫，互敬互爱的行为更是让人敬佩。这种专门以野马等动物尸体为食的鸟类，在发现食物之后，会发出尖锐的叫声，把自己的同伙招来共享。吃的时候总是先照顾长者，让年老体弱的鹫先吃饱以后，其他鹫才开始吃。"家"里还有幼鹫的母鹫，回"家"之后还会把吃下去的肉吐出来喂幼鹫。

斑马是成群活动的。它们在巡游觅食时，总有一只斑马担任警戒，以便有危险时发出警报，通知同伙立即逃命。有时猴，狮、虎等猛兽追得很紧，情况十分危急，斑马群中就会有一匹勇敢的斑马，毅然离群，义无反顾地单身与狮子搏斗，以掩护同伙撤退。当然，这匹斑马最终成了猛兽的腹中之物。

不仅同类动物之间互帮互助，而在不同类动物间也有这种行为。

在西南非洲，有一只小羚羊和一头野牛结伴而行，羚羊在前走，野牛在后面跟着；每走几步，野牛便哀叫一声，小羚羊也回过头来叫一声，似乎在应答野牛的呼唤。假如小羚羊走得太快了,野牛就高喊一声,小羚羊马上原地立定,等那野牛跟上后再走。这是怎么回事呢?原来野牛眼睛害了病,红肿得厉害,已无法单独行动,小羚羊在为它带路。

河马见义勇为的精神,曾经使一位动物学家感叹不已。事情是这样的:在一个炎热的下午,一群羚羊到河边饮水,突然一只羚羊被凶残的鳄鱼捉住了,羚羊拼命抗拒可也无法逃命。这时,只见一只正在水里闭目养神的河马,向鳄鱼猛扑过去。鳄鱼见对方来势凶猛,只好放开即将到口的猎物逃之夭夭。河马接着用鼻子把受伤的羚羊向岸边推去,并用舌头舔羚羊的伤口。

有关动物互帮互助的例子不胜枚举,科学家们已经肯定动物之间有互助精神。

那么动物为什么会有互助精神呢?

有的科学家认为,动物的这种行为是自然选择的结果,因为在求生存的斗争中,一种动物间如果没有互助精神就很难生存与发展;有的科学家认为,近亲多半有着同样的基因,同一种群动物的基因较为接近,因此会有互助精神

对于动物为什么会有互助精神这一问题,科学家们各执己见,公说公有理,婆说婆有理,没有一个完美的答案。

11. 动物身上的年轮

锯倒一棵大树,观察树桩断面上的年轮,就可以知道这棵大树的年龄。测知古树的年龄,可以用一种空心钻从树干圆周上的一点向圆心钻去,取出像铅笔粗细的年轮标本,这样就可以不用锯倒树木而测知树木的年龄。过一段时间,树干上的树脂会自然医好钻孔留下的创伤。

动物身上也有"年轮"吗?不同动物的"年轮"隐藏在不同的部

位，五花八门。鲤、鲫鳞片上的同心圆就是显示鱼龄的"年轮"。为了看得很清楚，一般将鳞片洗净，煮一下，再把它浸入二份苯和一份乙醚中，去掉脂肪，使它干燥后观察。河蚌的贝壳上有明显的一圈圈生长线，那就是它的"年轮"。大黄鱼、小黄鱼的耳石上也可以找到"年轮"。怎样了解庞大的鲸的年龄多年来一直是个难题，过去曾用许多方法来测定：一是有人认为鲸出生时是雌鲸体长的 *1/3*，根据幼鲸体长的增长，可以推算年龄；二是观察鲸体上白色伤痕数目，测算年龄，因为年龄越老的鲸，受细菌、寄生虫寄生后留下的伤痕越多。以上方法都有缺点，测算的年龄不够准确。*1995* 年发现鲸的耳垢是推算年龄的最好资料。

鲸的耳垢与人的耳垢大不相同，耳垢不能从外耳道掉出来。鲸的外耳道不是一直管，而是呈 S 型，耳垢积存在耳道中，由表皮角质层脱落的细胞和脂质所构成，脂质少、角化程度高、呈长圆锥形，像一个栓，所以又叫耳栓。把耳栓切成纵剖面，上有交替的明亮层和暗色层，数清多少明暗交替的条纹，就可以推算出鲸的年龄。耳栓上的明暗条纹就和树木的"年轮"相似，明亮层是夏季索饵期形成的，那时候营养条件好，形成的脂质多；暗色层是冬季繁殖时期形成的，那时鲸几乎过着绝食生活，耳轮上的角质多。真奇妙，鲸的"年轮"竟会在耳垢形成的耳栓上。

在购买骡、马等家畜的时候，知道它们的年龄是相当重要的。因为家畜的年龄大小直接影响它的价格。所以在农贸集市上，在买卖牲畜时，买主要掀起牲畜的嘴唇，仔细观看它们的牙齿，以确认牲畜的真实年龄，进而考虑价格高低是否适当。另外，像鹿等野生动物，知道它们的年龄也具有重要的意义。这样可以使其群体经常保持年轻健壮，以保证它们能良好地繁衍后代。如果是年老的雌雄交配，生育出来的后代就较差。因此，一些动物园和动物保护区，年老的动物都不用来繁殖后代，而是淘汰掉。

简单说，可以根据动物的各种特征来鉴别它们的年龄。例如：公鹿在 2 岁时长出瘤状的小角，3 岁时长成大角，4 岁分两个叉，5 岁分 3 个叉，6 岁分 4 个叉，到 7 岁以上就不再分叉了。例外的情况自然会有，不过大概的年龄还是能知道。

其他野生动物，没有鹿那样的年龄特征，则只能根据体格、毛色的浓淡和行动来判断它们的年龄。最近已有利用显微镜检查兔子、黄鼠狼等动物的骨头来确定其年龄的方法。这种方法是切取野兔等动物的下颌骨，将其磨制成薄片，染色后在显微镜下观察，能看到骨头的层次，根据骨层的多少便可准确地推断动物的年龄。因为小动物的年龄都较短，所以使用这种方法是相当有效的。象和鲸那样的大动物，则只要取其牙齿在显微镜下鉴定就可知道它的年龄了。

马的年龄也可根据它的牙齿准确地判断出来，这在兽医学上叫做"年齿鉴定法"。因为马在用上下牙齿嚼草时，上面的牙齿会逐渐磨损，所以根据其磨损程度就能判断其年龄的大小。过去的马贩子，以及今日的牲畜交易都用这种方法确定买卖价格。

12. 青蛙为何能活 200 多万年

1946 年 7 月，在美洲墨西哥的石油矿床里，发现了一只冬眠的青蛙。这只被埋在 2 米深矿层内的青蛙，被挖掘出来时还活着，它皮肤柔软，而且有光泽，它还活着，2 天之后，才死去。地质学家通过对这个矿床的科学测定，认为这个矿床是 200 多万年前形成的，而这只青蛙显然不可能在矿床形成以后进入矿层。从而证实，这只青蛙在矿层内已生存了 200 多万年。

其实，在这之前，也发生了一件类似的事。

1782 年，在法国巴黎近郊地下 4.5 米深处的石灰岩层里，开采了一块巨大的石头，把这块石头劈开，竟然发现石头内藏有 4 只活着的蟾蜍。这 4 只蟾蜍并排在一起，各有各的窝。蟾蜍从石头内被劈出来后，还都活着，并且能活动，科学家们对石灰岩层进行了鉴定，证实它是在 100 多万年前形成的。这意味着这 4 只蟾蜍在岩石内已生存了 100 多万年了。

青蛙、蟾蜍能在岩石内生存 100 多万年，乃至 200 多万年，这真是令人迷惑不解的奇迹。为什么它们具有如此强大的生命力呢？

许多科学家对这一自然现象进行了不懈的探索和研究。

生物学家们经实验发现：当气温上升 10℃ 时，青蛙和蟾蜍的新陈代谢会加快 2～3 倍；而气温下降 10℃ 时，代谢作用则减慢到 1/3。因此，不少科学家认为，埋藏在矿层、岩石内的青蛙和蟾蜍，不受到气候变化的影响，几乎处于"恒温"的状态。这实际上就等于把它们的生命贮藏起来，几乎不进行新陈代谢，也不消耗能量，所以能长期不吃东西生存下来。

美国的一位科学家还做了这样一个实验：将几只即将进入冬眠的蛙进行降温处理，降至 -6℃，并保持 1 个星期，之后再慢慢地升温解冻，结果发现蛙居然还活着，他取出蛙的肌肉，对肌肉内的化学成分进行分析，发现有甘油存在。因此他认为青蛙、蟾蜍之所以能活那么久，与它们冬眠时体内形成的甘油有关。

对青蛙和蟾蜍为什么有如此强大的生命力这一问题，有些科学家还提出了各种各样的看法，但都没有足够的说服力让人信服。

13. 候鸟迁徙之谜

我们常常可以看到有一种鸟，春天从南方飞来，秋天又从北方飞走，年复一年，从不改变这种生活习性。这种鸟就叫做候鸟。这类随着季节不断变换生活地点的候鸟，大概占整个鸟类的 1/3。候鸟独特的生活习性，引起了科学家们的注意。科学家们对其进行了深入的研究，但还是有许多谜团至今仍困扰着人类。

候鸟最让人感兴趣的是它们那种极强的识途定向能力。候鸟迁徙的路线一般都比较远，可它们不但可以准确地返回故乡，还能毫无差错地找到旧巢。这是怎么回事呢？有人认为，它们是靠着对所行路线地形地物（如海岸、江河等）的观察、熟悉和记忆，来确定回飞路线的。这种说法可以解释短距离飞行，却无法解释其远距离的复杂飞行。有人发现在鸽子眼睛的上方有一块磁性物质，经研究鸽子是靠它与地球磁场产生联系来辨别方向的，有人据此提出了磁场定向说。但并不是所有候鸟都有这种磁性物质，这不能解释全部候鸟识途定向问题。又有人认为鸟的血液中的主要成分是铁，在地球磁场的作用下，它根据血液的流动来判断自己航向的正误。可这也只能是一种推测，并没有得到科学实验的证实。有人分析，候鸟白天飞行大概是靠着太阳来辨别方向，晚上飞行是靠着星辰来辨别方向。有人曾做过这样的实验，他们把正在飞行的候鸟装在笼子里，用镜子把太阳光反射入笼，并不断变换反射方向，鸟便随着光线的变动飞行。这说明它是靠着太阳来辨别方向的。但阴天怎么办呢？还有人曾用百候鸟做过实验。他们把鸟放在天文馆里，播放夜间的天象，当天顶出现北欧秋天的星座时，鸟就把头转向东南；当出现巴尔干天空的星座时，鸟便将头转向南方；当出现北非夜空时，鸟便朝正南飞。看来，候鸟靠星辰识途定向是一种比较有说服力的观点。当然，这还不是最后的结论。

还有一个困惑人们的问题就是候鸟迁徙中的"能源"问题。候鸟在迁徙过程中，一般要飞行几千千米甚至上万千米，中途几乎都不休息。它们是怎样来完成这样艰苦旅行的呢？有人认为候鸟是把脂肪作为能源来利用。它们在准备长途迁徙之前，就大量进食，以便贮藏大量脂肪，供飞行之用。但鸟一般体积都比较小，它怎么可能贮存那么多的脂肪来供自己长途飞行呢？有人曾对鹬做过观察，发现它从加拿大的拉布拉多半岛飞往南美洲，行程大约3850千米，其体重只减轻了56克。如果能把候鸟在飞行中节约能源的秘密揭开，那对人类的贡献将是不可估量的。

14. 猛犸为什么会灭绝

大约在20万年前，地球就出现了猛犸，它曾经遍布北半球的北部地区，分布如此广阔的猛犸为什么灭绝了呢？真让人不可思议。

在前苏联西伯利亚北部的冻土层中，科学家们曾发现20多具皮肉尚未腐烂的猛犸尸体。这些尸体在大自然的"冰库"里保存得相当完好：尸体肌肉的血管中充满血液，胃里还有青草、树枝等未消化的食物。经科学家考查证实，这些尸体已冰冻了1万多年。几十年前，国际地质学会在前苏联召开期间，许多国家的科学家还尝到了这已冻了1万多年的猛犸肉。据说味道虽不十分可口，却别有风味。

猛犸有着高而圆的头顶，上面长着一条长鼻子；有两颗向上弯曲的牙；背上有个高耸的肩峰；臀部向下塌，尾巴上还长着一丛毛；身长超过6米，体高超过4米。总之，外形与大象比较相似，因为它们与大象是一个家族的。

据科学家证实，大约在距今20万年前，最早的猛犸就出现在地球上。它的足迹遍布北半球的北部地区，我国北部也有发现。特别是北冰洋的新西伯利亚群岛，更是猛犸的世界，人们在那儿发现许多猛犸牙。在西班牙的洞穴岩壁上，3万年前的古人就用红赭石画出猛犸轮廓图；在法国的洞穴岩壁上，也有1万年前的人雕刻的猛犸作品，直至距今约1万年前，猛犸才随着冰川的消退而消失。在严寒的西伯利亚地区，人们发现猛犸化石遗骸非常多，大约有2.5万余具。

猛犸为什么突然从地球上消失了呢？

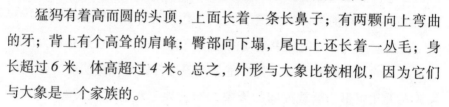

有的科学家认为猛犸死于严寒。可能由于当时地壳上的两大板块发生猛烈的冲撞，导致火山爆发，一股高温热气直冲大气上层。这时，地球上立即出现前所未有的低温，然后在激变中沿地球两极盘旋而下，终于降落到较温暖的一层空气上。当它穿过暖气层的时候，就转变为极猛烈的狂风，向地面高速刮来。使地面气温骤降，以致猛犸被冻死。

也有些科学家认为，北美古印第安人对猛犸的大肆捕杀才是它们灭绝的直接原因。他们在猛犸骨骼上发现有刀痕，用电子扫描显微镜分析证明，这刀痕是石制或骨制刀具砍杀所致，而不是猛犸间互相争斗的结果，更不是挖掘过程中造成的外损。他们说，古印第安人捕杀猛犸，除食其肉，用其皮外，还用其骨，因为猛犸的骨骼有类似玻璃的光泽，也许能把它作镜子用。

还有些科学家作这样的解释：那时候，大量彗星尘埃进入地球大气上层空间，极大数量的太阳辐射能被尘埃折射回宇宙空间，导致了地球上最近一次冰期。海洋把热量传给陆地，引起真正的"冰雨"。这不过才几年的时间，却给猛犸带来了覆灭的灾难。

科学家们对猛犸的绝灭众说纷纭，到底谁是谁非，至今还是一个谜。

15. 热带雨林中的绿毛怪物是什么动物

1897 年，美国人汉斯和巴斯克斯来到西班牙，直奔陶兹伦多大森林。

这天，他们来到雷阿塞地区的一条山涧溪水旁，看见绿树红花，潺潺流水，不觉心旷神怡。走在前面的巴斯克斯望见不远处有一块绿茵茵的青草地，开心极了。于是他一个箭步跨上前去，同时回头招呼走在身后的汉斯："快点过来，这里有一块草地，很柔软。就像貂皮一样，还长着长毛哩！"

走在后面筋疲力竭的汉斯不信，抬眼望去，看见巴斯克斯已经直挺挺地躺在草地上，不禁打起精神，径直朝那块大约三四平方米的大绿毡子走去。汉斯正走着，突然，眼前那块绿茵茵的毡子猛地一下就被什么力量卷了起来，变成了一只从未见过的毛毡样动物。巴斯克斯被紧紧地裹在了中间，只露出脑袋来，身陷险境的巴斯克斯脸憋得通红，张着嘴猛地大喊救命。

汉斯见情况不妙，赶紧猛扑过去，谁知那绿色怪物裹挟着巴斯克斯，迅速跃入水中。站在岸上的汉斯心急如焚，又不敢跳下水去。因怕水里有更多的怪物出现，心有余悸的汉斯再也不敢停留，背起行囊失魂落魄而逃。回国后，他恐慌不安地向新闻界人士讲述了这次惨痛的冒险经历。

1937年，雷阿塞地区的一个猎人出门打猎，当他来到巴曼河上游时，看见水中漂着一节断木，约有5米长，粗细像水桶一般，奇怪的是，这根树木的周围有许多藻类样的绿色毛状物，它们在水里飘浮着，显得非常柔软。

好奇的猎人便捡来一根长杆，用长杆去挑水中的绿色物体。只见那绿色的树木顿时翻动起一阵阵水花，沉入水底，再也没有出现。回国后，猎人把自己打猎途中的所见讲给家人及邻居听，一时成为街谈巷议的趣闻。久而久之，人们渐渐淡忘了此事。

时间一晃就是半个世纪。到了1989年，雷阿塞地区发生了一起警察捉拿犯人的追杀事件。就在紧急的追捕中，曾经一度被人们遗忘的绿色怪物再次出现在人们面前。

当时，西班牙籍的国际贩毒头目哈沙勒在纽约被美国警方盯上。有名的国际反毒组织铁手警官约翰·科恩及其助手佩克负责监视并抓捕毒犯，进而捣毁他背后庞大的制毒集团。

1989 年 4 月，哈沙勒离开美国，回到西班牙。科恩和佩克尾随而至，然而尽管他们用尽心思再三乔装打扮，还是被狡猾的哈沙勒觉察了。4 月 25 日，哈沙勒伙同毒贩与科恩及助手还有西班牙警队发生了一场激烈的枪战。第二天，哈沙勒仓惶逃往陶兹伦多大森林，科恩等人也尾随而至。

在上司顺藤摸瓜摧毁贩毒制毒窝点的办案原则下，科恩们不敢打死哈沙勒，然而，案情已进入迫在眉睫之境地，哈沙勒已经进入茫无边际的大森林，如果再任他跑远，就会像泥牛入海一样无法追踪。

科恩等人考虑再三，最终决定先擒住犯人，再让他说出制毒窝点，方案既定，科恩、佩克及其他警员迅速向哈沙勒靠拢。

当哈沙勒逃到巴曼河时，被紧追而来的科恩等人团团围住，谁知即将落网的哈沙勒却异常镇静，待科恩正要上前铐他时，突然，"嗖嗖"几声，一串子弹以迅雷不及掩耳之势从河对岸的森林里射来，机警的科恩就势拉住哈沙勒往地上一滚，牢牢地铐住了他。

科恩抬起头，只见巴曼河上平静如初，除他们以外并没有任何人的踪迹。然而正在此时，随着一阵凄厉的救命声，一个血肉模糊的人跟跟跄跄地从河岸边的森林里奔出来，不久便栽到河里去了。科恩见此情景，顿时惊惧起来："是森林怪物在抓人啦。"

科恩和佩克押着哈沙勒小心翼翼地走进森林，他们断定那人一定与制毒基地有关。进入丛林后，他们看见的只有一滩滩殷红的血迹和几支枪械。科恩环顾四周，阴森森的大森林弥漫着一种恐怖气氛，令人不寒而栗，便和佩克押着哈沙勒准备往回走。幽静的大森林里只有科恩等人的脚步声在回响。

忽然，"哗"的一声，一个草状物体从树上落下来，正好罩在科恩的上方，眼疾手快的科恩急忙闪身，但已经来不及了，他的双脚被柔软的绿草包住，并火速向他的上身扩展，科恩大叫佩克朝他开枪射击。佩克只好对准绿草向科恩的脚部射击，随着几声枪响，蓬草慢慢卷曲起来，终于掉在地上，变成一个毛绒绒的绿球，飞快地从草地上滚走了。佩克仍不肯罢休，对着逃之夭夭的绿草又连射几枪，受伤后的蓬草仍然拼命地逃窜。

这时，哈沙勒趁科恩他们对付蓬草的机会，使劲撞倒科恩撒腿就跑，佩克见状紧追不舍，一阵狂奔之后，哈沙勒终于逃出郁郁葱葱的大森林，来到一片空旷的原野。随后赶来的佩克举枪向毫无遮掩的哈沙勒射击。子弹击中了哈沙勒的腿部。剧烈的疼痛使哈沙勒跪倒在地，只能束手待毙了。然而就在佩克刚跑出几步，准备生擒逃犯时，哈沙勒却在转瞬间消失了，佩克急中生智，赶紧向前方跑去。猛然间看见

一个绿色的毛状大包裹飞快地朝森林滚去。同时，听见哈沙勒闷声闷气的声音在里面惨叫："快救我。"

佩克恍然大悟，是怪物裹挟了哈沙勒，他随即对准绿色大包裹开了两枪，然而那包裹滚动得飞快，转眼就看不见踪影了。

佩克找到科恩，为他脱掉裤子查看受伤的腿部，赫然看到科恩的两条腿全成了炭黑色。在黑黝黝的皮肤上，一个个小红斑点像被针扎过一样。佩克将科恩背出一望无际的大森林，途中恰与那位老猎人不期而遇。老猎人告诉他们：科恩是被绿毛怪咬了，绿毛怪有许多张嘴。它会缠住人死死不放，直到把人憋死为止，科恩只是受了轻伤，过几天就会康复的。

除此之外，一支西班牙生物考察队也曾在巴曼河的源头看见一头绿毛怪，它长有一个扁平的脑袋和一对窄长的眼睛，在水里飘浮着，一旦发现了人，在力不付敌时便会立即卷曲成一团，迅速沉入水中逃匿。这支考察队认为，绿毛怪是一种两栖动物，并不是食人动物。另有一些专家认为，绿毛怪可能是动植两类物种，就像冬虫夏草一样。更有人认为它是某种动物身上附有的一种绿色植物保护色。

关于绿毛怪的说法，众说纷纭，但在没捉到实物之前，这些都仅仅是一些推测。迄今为止，人们尚未捕获到这种浑身毛茸茸的绿色动物，因而也无法揭开绿色怪物之谜。

16. 冬虫夏草之谜

大千世界无奇不有，竟然有冬虫夏草这种植物，真是让人难以捉摸。

冬虫夏草，也叫"早草"，属于囊菌纲，麦角菌科植物，多产于我国四川、云南、甘肃、青海、西藏等地，在中医药中是味珍贵的药材。冬虫夏草，正像它的古怪名字一样，形状很奇特：说它是动物，它的根又深扎在泥土里，头上还长着一根草；说它像植物，它的根部又是一条虫子，长有头和嘴，还有 8 对整齐的足。冬虫夏草这种怪模怪样的东西是如何形成的呢？到底是植物还是动物呢？为什么会生成这般怪模样呢？

原来，有一种叫做"蝙蝠蛾"的昆虫，在春天来临之际，它便将虫卵产在土壤里，然后静静地死去。这虫卵在土壤里经过 1 个月的孵化，一条白胖白胖的幼虫便破土而出。有一种真菌即草虫已在此静候多时，一遇到这白胖鲜美的幼虫，便一股脑儿往幼虫体内钻，然后在里边吮吸幼虫体内的营养，过着无忧无虑的寄生生活。冬天幼虫生活在泥土中，由于体内的寄生菌大量繁殖，这虫子等不到爬出地面便死去了。等到气候温暖了，这种真菌便破土而出，在幼虫壳体的头部长出一根长约 10 厘米，顶端呈椭球体的棒。因此，它才长出既像虫，又像草的这种怪模样。人们根据这副怪样子给它起了个"冬虫夏草"的怪名字。

冬虫夏草，长得虽然古怪，但它在医药界中用途很大，对补肺益肾，治疗虚劳咳嗽、痰中带血、气喘、腰痛等病，非常有效。

真菌是如何钻入幼虫的体内，又是怎么在幼虫体内寄生那么长时间后，最终从虫嘴长出一棵树的呢？迄今为止还是一个谜。

17. 植物叶面色斑之谜

姹紫嫣红的花，金光灿灿的果，一直是人们观赏的佳品，但现在，绚丽多姿的观叶植物开始崭露头角。它们有的以叶形特异称奇，有的以姿容秀雅见长，有的则以色彩斑斓著称，其中最吸引人们的是那些似花非花的斑叶植物。

斑叶植物，可谓千姿百态，无奇不有。如白玉万年青，它打破了以往人们常见的万年青的格调，在叶片中央出现白玉般的色泽，显得优雅脱俗。蔓生的黄金葛，还有那常春藤，其叶中有黄，根间白，犹如一串翡翠，悬空而下，令人目不暇接。彩色球兰则在它的一片叶上，混有粉红、乳白和淡紫等色素，犹如大理石的彩纹，令观赏者叹为观止。那金边巴西铁、银边巴西铁、金心巴西铁，都生长着一簇簇阔长如带、反卷下垂的叶子，看上去犹如一朵硕大的花，绿叶中央还镶嵌有一条条金色的飘带，十分雅丽动人。还有橡胶榕、勒杜鹃、彩叶竽，以及肉质的仙人球等，都先后出现了许多色彩鲜艳夺目的斑叶"新伙伴"，观叶植物大家族变得更加色彩斑斓！

当你看到悬在窗前的金边常春藤那白绿相间的叶片在微风中摇曳，桌案上的花叶芋那碧绿的叶上泛起点点红斑时，你可能会想到，这些植物的叶上怎么会出现这等迷人的彩色斑点呢？这在植物生态学上称为"叶斑"，它的种类可多了。有一种生长在热带的有名的观叶植物"变叶木"，它那多形的叶上显现出的叶斑有黄斑、橙斑、粉红斑和褐色斑，缀于绿叶之中，有条状的，也有斑点状的，植物学家把这种斑点叫做"星斑"；有的观叶植物的绿叶上有殷红的线条勾勒出叶脉清晰的轮廓的叫

156

"网斑";有的观叶植物的叶面上有黄色金丝带状的斑纹的叫"缟斑"。

植物的叶子本为绿色或红色，那为什么有的植物叶面会长出这般奇异的色斑呢？经科学家们的研究发现，这是由于叶片细胞中的色素起了魔术师般的作用的缘故。植物生长时，在叶子中的叶绿素生成机制受阻或细胞产生基因突变后，叶子的某一部位若让花青素、叶黄素、胡萝卜素得以登台，便会在叶面上呈现出色彩斑斓的奇观。这一有趣的植物生理变化，还能通过物理、化学等方法实现，如用 X 光照射可使植物叶内发生突变，诱使叶片产生叶斑。

在我国丰富多彩的植物资源中，蕴藏着不少叶斑植物珍品，可供开发。这一美好的愿望正在等待着你们——青少年朋友，等待着你们把我们的生活装点得更加绚丽多彩。

18. 树木过冬之谜

大自然里有许多现象是十分引人深思的。例如，同样从地上长出来的植物，为什么有的怕冻，有的不怕冻？更奇怪的是像松柏、冬青一类树木，即使在滴水成冰的冬天里，却依然苍翠夺目，经受得住严寒的考验。

其实，不仅各式各样的植物抗冻力不同，就是同一株植物，冬天和夏天的抗冻力也不一样。北方的梨树，在 $-20℃ \sim -30℃$ 能平安越冬，可是在春天却抵挡不住微寒的袭击。松树的针叶，冬天能耐 $-30℃$ 严寒，在夏天如果人为地降温到 $-8℃$ 就会被冻死。

究竟是什么原因使冬天的树木特别变得抗冻呢？这确实是个有趣的问题。

最早国外一些学者说，这可能与温血动物一样，树木本身也会产生热量，它由导热系数低的树皮组织加以保护的缘故。此后，另一些科学家说，主要是冬天树木组织含水量少，所以在冰点以下也不易引起细胞结冰而死亡。但是，这些解释都难以令人满意，因为现在人们已清楚地知道，树木本身是不会产生热量的，而在冰点以下的树木组织也并非不能冻结。在北方，柳树的枝条、松树的针叶，冬天不是冻得像玻璃那样发脆吗？然而，它们都依然活着。

那么，秘密究竟何在呢？

原来，树木的这个本领，它们很早就已经锻炼出来了。它们为了适应周围环境的变化，每年都用"沉睡"的妙法来对付冬季的严寒。

我们知道，树木生长要消耗养分，春夏树木生长快，养分消耗多于积累，因此抗冻力也弱。但是，到了秋天，情形就不同了，这时候白昼温度高，日照强，叶子的光合作用旺盛；而夜间气温低，树木生长缓慢，养分消耗少，积累多，于是树木越长越"胖"，嫩枝变成了木质……树木逐渐地也就有了抵御寒冷的能力。

然而，别看冬天的树木表面上呈现静止的状态，其实它的内部变化却很大。秋天积贮下来的淀粉，这时候转变为糖，有的甚至转变为脂肪，这些都是防寒物质，能保护细胞不易被冻死。如果将组织制成切片，放在显微镜下观察，还可以发现一个有趣的现象哩！平时一个个彼此相连的细胞，这时细胞的连接丝都断了，而且细胞壁和原生质也离开了，好像各管各一样。这个肉眼看不见的微小变化，对植物的抗冻力方面竟然起着巨大的作用哩！当组织结冰时，它就能避免细胞中最重要的部分——原生质不受细胞间结冰而遭致损伤的危险。

可见，树木的"沉睡"和越冬是密切相关的。冬天，树木"睡"得愈深，就愈忍得住低温，愈富于抗冻力；反之，像终年生长而不休眠的柠檬树，抗冻力就弱，即使像上海那样的气候，它也不能露天过冬。

19. 动物自疗之谜

自然界里的野生动物得了病，受了伤，谁能给它们治疗呢？朋友们不要担心，她们有自己给自己治病的本领。有些动物会用野生植物来给自己治病。

春天来了，当美洲大黑熊刚从冬眠中醒来的时候，身体总是不舒服，精神也不好。它就去找点儿有缓泻作用的果实吃，这样一来，便把长期堵在直肠里的硬粪块排泄出去。从此以后，黑熊的精神振奋了，体质也恢复了常态，开始了冬眠以后的新生活。

在北美洲南部，有一种野生的吐绶鸡，也叫火鸡。它长着一副稀奇古怪的脸，人们又管它叫"七面鸟"。别看它们的样子怪，可会给自己的孩子治病。当大雨淋湿了小吐绶鸡的时候，它们的父母会逼着它们吞下一种苦味草药——安息香树叶，来预防感冒。中医告诉我们，安息香树叶是解热镇痛的，小吐绶鸡吃了它，当然就没事儿啦！

热带森林中的猴子，如果出现了怕冷、战栗的症状，就是得了疟疾，它就会去啃金鸡纳树的树皮。因为这种树皮中所含的奎宁，是治疗疟疾的良药。

贪吃的野猫到处流浪，它如果吃了有毒的东西，又吐又泻，就会急急忙忙去寻找藜芦草。这种味苦有毒的草含有生物碱，吃了以后引起呕吐，野猫的病也就慢慢儿地好了。你看，野猫还知道"以毒攻毒"的治疗方法呢。

在美洲，有人捉到了一只长臂猿，发现它的腰上有一个大疙瘩，还以为它长了什么肿瘤呢。仔细一看，才发现长臂猿受了伤，那个大疙瘩，是它自己敷的一堆嚼过的香树叶子。这是印第安人治伤的草药，长臂猿也知道它的疗效。

有一个探险家在森林里发现，一只野象受伤了，它就在岩石上来回磨蹭，直到伤口盖上一层厚厚的灰土和细砂，像是涂了一层药。有些得病的大象找不到治病的野生植物，就吞下几千克的泥灰石。原来这种泥灰石中含氧化镁、钠、硅酸盐等矿物质，有治病的作用。

在乌兹别克，猎人们常常遇到一种怪事儿：受了伤的野兽总是朝一个山洞跑。有一个猎人决定弄个水落石出。有一天，一只受伤的黄羊朝山洞方向跑去，猎人就跟踪到隐蔽的地方观察，只见那只黄羊跑到峭壁跟前，把受伤的身子紧紧贴在上面。没过多久，这只流血过多、十分虚弱的黄羊，很快恢复了体力，离开峭壁，奔向陡峭的山崖。猎人在峭壁上发现了一种黏稠的液体，像是黑色的野蜂蜜，当地人管它叫"山泪"，野兽就是用它来治疗自己的伤口的。科学家们对"山泪"进行了研究，发现里面含有30种微量元素。这是一种含多种微量元素的山岩，受到阳光强烈照射而产生出来的物质，可以使伤口愈合，使折断的骨头复原。用它来治疗骨折，比一般的治疗方法快得多。在我国的新疆、西藏等地区，也发现了多处"山泪"的蕴藏地。

温敷是医学上的一种消炎方法，猩猩也知道用它来治病。猩猩得了牙髓炎以后，就把湿泥涂到脸上或嘴里，等消了炎，再把病牙拔掉，你看猩猩还是个牙医呢。

温泉浴是一种物理疗法。有趣的是，熊和獾也会用这种方法治病。美洲熊有个习惯，一到老年，就喜欢跑到含有硫磺的温泉里洗澡，往里面一泡，好像是在治疗它的老年性关节炎；獾妈妈也常把小獾带到温泉中沐浴，一直到把小獾身上的疮治好为止。

野牛如果长了皮肤癣，就长途跋涉来到一个湖边，在泥浆里泡上一阵，然后爬上岸，把泥浆晾干，洗过几次泥浆浴以后，它的癣就治好了。

更让人惊奇的是，动物自己还会做截肢手术呢。

1961年，日本一家动物园里的一头小雄豹左"胳膊"被一头大豹咬伤，骨头也折了。兽医给它做了骨折部位的复位，上了石膏绷带。没想到，手术后的第二天，小豹就把石膏绷带咬碎，把受伤的"胳膊"从关节的地方咬断了。鲜血马上流了出来，小豹接着又用舌头舔伤口，不一会儿，血就凝固了。截肢以后。伤口渐渐地长好了，小豹给自己做了一次成功的"外科截肢手术"。小豹好像知道，骨折以后伤口会化脓，后果是很危险的。经过自我治疗，就会保住自己的生命。

人们发现，一只山鹬的腿被猎人开枪打断后，它会忍着剧痛走到小河边，用它的尖嘴啄些河泥抹在那只断腿上，再找些柔软的草混在河泥里，敷在断腿上。像外科医生实施"石膏固定法"一样，把断腿固定好以后，山鹬又安然地飞走了。它相信，自己的腿会长好的。

昆虫学家曾经仔细观察了一场蚂蚁激战：一只蚂蚁向对方猛烈袭击，另一只蚂蚁只是实行自卫防御，结果它的一条腿被折断了。原来这不是一场真正的格斗，而是蚂蚁在给受伤的同伴做截肢手术呢。

除此以外，不少动物还能给自己做"复位治疗"呢。

黑熊的肚子被对手抓破了，内脏漏了出来，它能把内脏塞进去，然后再躲到一个安静的角落里，"疗养"几天，等待伤口愈合。

如果青蛙被石块击伤了，内脏从口腔里露了出来，它就始终待在原地不动，慢慢吞进内脏，3天以后就身体复原，能跳到池塘里捉虫子啦。

动物自我医疗的本领，引起了科学家很大的兴趣。

它们是怎么知道这些疗法的呢？现在还没有一个圆满的解释。

20. 动物"气功师"之谜

我们人类有些"气功大师"，有着非凡的功夫。他们要是发起功来，好像刀枪不入；就是几吨重的汽车从身上压过去，也毫无损伤。

这让参观的人惊奇不已。

更让人难以相信的是，动物世界里的动物，也有会"气功"的，而且是无师自通，根本不用拜师学艺。这些动物"气功大师"，生来就有这种"特异功能"。

在非洲的赞比亚，有一种会"硬气功"的老鼠，当地的土著居民管它叫拱桥鼠。这种鼠大的 500 多克重，如果有人用脚踩它，它就用锁骨抵在地上，拱起脊背，全身"运气"，施展出它奇特的"硬气功"。一个 60 千克重的人踩在它身上，等于是它体重的 100 多倍，但拱桥鼠却一声不吭，像没事儿一样。就是使劲儿用脚踩它，它也绝不叫唤一声（这可能是它正在"运"功的缘故），等到人把脚抬起来，压力消除的时候，拱桥鼠就立刻溜之夭夭了。猫虽然是老鼠的天敌，但如果遇到这些会气功的老鼠，也是无可奈何，甘拜下风的。

在西班牙的马德里地区，更是"藏龙卧虎"。这里生活着一种绿色的"气功蛇"，它的"气功功夫"可以说到了炉火纯青的程度。这种蛇类"气功大师"艺高蛇胆大，在天气炎热的时候，喜欢从草丛里爬到光滑的马路上，大模大样地乘凉。当载重汽车开过来的时候，它虽然预先感觉到地在颤动，但它绝不会爬走逃命，而是鼓起肚子里的贮气囊，并且快速把气体输送到全身，等汽车轮子从它身上轧过去之后，这位"气功大师"才得意洋洋地爬走。它摇头摆尾的样子，好像是在显示自己的非凡功夫呢。

除了陆地上的动物以外，有些海洋动物也是了不起的"气功大师"。在浩瀚的大西洋里，有一种叫海刺猬的海洋动物。它浑身长满了长刺，平时这些针刺都顺贴在身上，可一旦遇到危急情况，它全身的刺就会根根倒竖，特别锋利。在当地海域，还生活着一种斜齿鲨，十分凶猛，常常把海刺猬当做美食吞下去，有时候能一次吞下 10 只海刺猬。但灾难也跟着来临，海刺猬被吞进鲨鱼肚子以后，就会运

"气"发"功"，把身上的长刺倒竖起来，就像一根根锋利的钢针，在鲨鱼胃里猛攻猛刺，直到把鲨鱼的肚子刺破，死去的斜齿鲨，反倒成了海刺猬的美味佳肴了。

看起来，气功并不是我们人类的专利，在动物世界里也有不少天生的"气功大师"呢。它们的奥秘在哪里呢？生物学家们正在研究探讨这个不解之谜。

21. 动物"电子战"之谜

蝙蝠是一种能飞的野兽。它的前肢和后腿之间，长着薄薄的、没有毛的翼膜，好像鸟儿的翅膀。所以，它能像鸟儿那样在空中飞行，成为哺乳动物中的飞将军。

一到傍晚，蝙蝠就在空中盘旋，一边飞，一边捕捉蚊子、蛾子什么的。它是我们人类的好朋友。

蝙蝠能在夜间捕食，难道它有一双明察秋毫的夜视眼吗？

早在 270 多年前，意大利科学家潘兰察尼就进行过这样的实验：

他把一只蝙蝠的眼睛弄瞎后，放到一间拉了许多铁丝的玻璃房子里。令人惊奇的是，这只失明的蝙蝠仍然能够绕过铁丝，准确地捉到昆虫。

"看起来，蝙蝠并不是靠眼睛捕食的。也许是它的嗅觉在起作用。"潘兰察尼这样考虑着。

接着，他又破坏了蝙蝠的嗅觉器官。但这只蝙蝠照样准确地捕捉食物，像什么事情也没发生一样。他又在蝙蝠身上涂了厚厚的一层油漆，蝙蝠还是照飞不误，一边飞，一边捉虫子。

难道是蝙蝠的听觉在起作用吗？

潘兰察尼又把一只蝙蝠的耳朵塞住，再把它放进玻璃房子的时候，

163

"飞将军"终于没有办法了，只见它东飞西窜，不是碰壁，就是撞到铁丝上，就再也捉不到小虫了。

看起来，是声音帮助蝙蝠辨方向和寻找食物的。但到底是什么声音，这位意大利科学家一直没有研究出来。

后来的科学家揭开了这个奥秘。原来蝙蝠的喉咙能发出很强的超声波，通过它的嘴巴和鼻孔向外发射。当遇到物体的时候，超声波便被反射回来，蝙蝠的耳朵听到回声，就能判明物体的距离和大小。

科学家把蝙蝠这种根据回声探测物体的方式，叫做"回声定位"。

蝙蝠飞将军的回声定位器就像一部活雷达。它的分辨本领特别高，能把昆虫反射回来的声信号与地表、树木的声信号区分开，准确地辨别出是食物还是障碍物。

更让蝙蝠自豪的是，它这部活雷达的抗干扰能力还特别强。即使干扰噪声比它发出的超声波强两倍，但它仍然能有效地工作，引导蝙蝠在黑夜中准确地捕食害虫。

就像有矛就有盾一样，蝙蝠有"活雷达"，有些夜蛾就利用高超的"反雷达装置"来对付它。于是，双方就展开了一场动物世界的"电子对抗"战。

夜蛾是一种在夜间活动的昆虫，喜欢围绕着亮光飞舞。别看它们是些小飞虫，身上却带有探测超声波的特殊"装置"。动物学家们发现，在有些夜蛾的胸、腹之间有一个鼓膜器——这是一种专门截听蝙蝠超声"雷达波"的器官。

有了这个"反雷达装置"，夜蛾可以发现距离它 6 米高、30 米远的蝙蝠。夜蛾在截听到蝙蝠的探测"雷达波"之后，如果蝙蝠离它还有 30 米远，它就转身逃之夭夭；如果蝙蝠就要飞过来了，夜蛾身上的鼓膜器就告诉它将大祸临头，夜蛾便当机立断，不断改变飞行方向，在夜空中兜圈子、翻跟斗，或者干脆收起翅膀落在树枝、地面上装死，想尽办法让蝙蝠找不到它的位置。

更令人惊奇的是，有些夜蛾还装备有"电子干扰装置"。在它们的足关节上，有一种特殊的振动器，能发出一连串的"咔嚓"声，用来干扰蝙蝠的超声波，使它不能确定目标。

有些夜蛾的反"雷达"战术更高明，它们全身都是"反雷达"装置。这就是它们满身的绒毛，可以吸收超声波，使蝙蝠得不到一定强度的回声。夜蛾自己也能发出超声波侦察敌情。

在这场特殊的动物"电战"中，尽管蝙蝠飞将军有一整套"电子进攻"手段，但在夜蛾巧妙的"电子防御"措施面前，不得不甘拜下风。

夜蛾小巧精良的"电子对抗"装备，引起了科学家们的注意。他们要研究夜蛾是如何发射超声波以及它的绒毛是怎样吸收超声波的。如果这些自然之谜被彻底揭开，应用到军事技术上，就会发挥出意想不到的防卫和攻击能力，来夺取未来战争的胜利。

22. 动物语言之谜

人类有语言，这是人类与动物的重大区别之一。

随着人类社会的形成与发展，由于集体劳动和生活的需要，彼此之间要交流思想，于是，语言就诞生了。语言的使用，促进了人类的思维，使得大脑更加发达。语言的使用，也促进了劳动经验的交流和积累，从而加速了生产力的发展。

动物有语言吗？有的小朋友也许会说："有，我们看的动画片中，唐老鸭、米老鼠不是都会说话吗？"的确，在童话中，在动画片中，动物都会说话，不过别忘了，这是人们用拟人的手法在讲动物的故事。

在动物界中，的确有"语言"存在，这是一个非常引人入胜的学问。有些科学家，毕生都在和动物交流，记录、分析动物的"语言"，从中了解这些"语言"的含义，了解动物是怎样交流感情和信息的。他们工作已经获得了很大的成绩。

表达意思和交流感情的工具

和人类的语言相比较，动物的"语言"要简单得多。在同种动物之中，它们使用"语言"来寻求配偶，报告敌情，也可以用来表达友好、愤怒等感情。春天，是猫的发情期，一到晚上，猫就会出去寻找配偶，人们常可以听见猫拖长了声调的叫声，这是在吸引异性。动物的"语言"，也用来沟通动物和主人的关系。夜晚，在农舍前，传来一阵陌生人的脚步声，看门狗伸长了耳朵，随着声音的接近，它狂吠起来，这是告诉主人：有陌生人靠近我们的家，要警惕。

虽然鹅的叫声都是单调的"嘎、嘎、嘎"声，有位叫劳伦茨的教授却成功地翻译出了鹅的"语言"。如果鹅发出连续6次以上的叫声，意思是说："这里快活，有许多好吃的东西。"如果刚好是6个音节，则表示："这儿吃的东西不多，边吃边走。"如果只发出3个音节，那就是说："赶快走，警惕周围，起飞！"在鹅发现狗的时候，会从鼻腔中发出一声"啦"的声音，鹅群们一听到这个声音就惊恐地拍动双翅，慌忙逃走。

狒狒是一种低等灵长目动物，在中央电视台的"动物世界"节目中，曾经介绍过它们的群居生活。根据科学家的分析，狒狒的语言已经很复杂，它的声音由两个部分组成，它们的语言包括20多种信号。当发现敌情时，狒狒王便发出一种特殊的叫声，警告其他狒狒逃走或准备战斗。在动作上，狒狒可以有十几种，它的眼、耳、口、头、眉毛、尾巴都可以动作，表示出友好、愤怒等感情，如此丰富的声音和动作，就组成了狒狒复杂的"语言"系统。

　　鸟类的"语言"也是我们非常熟悉的，人们常用"莺歌燕舞"、"鸟语花香"来形容我们美好的祖国。研究鸟的"语言"的科学家发现，鸟的"语言"可以分为"鸣叫"和"歌唱"两种。"鸣叫"指的是鸟类随时发出的短促的简单的叫声，它们常常是有确定含义的。例如，鸡（鸡也属于禽类，是飞鸟的"亲戚"）的"语言"是我们常听见的。在温暖的阳光下，鸡妈妈带着一群小鸡在觅食，它用"咯、咯……"的叫声引导着小鸡，而小鸡的"卿、卿……"的叫声也使鸡妈妈前后能照应它的孩子们。这时，天空中出现了一只老鹰，鸡妈妈立刻警觉起来，向小鸡们发出警报，展开双翅，让小鸡们躲藏在它的翅膀下。

　　至于"歌唱"，主要是指在繁殖季节由雄鸟发出的较长、较复杂的鸣叫，关于这些"歌唱"的意思，科学家有不同的分析，归结起来有两种观点。一种认为是雄鸟在诱惑雌鸟，另一种认为"歌唱"是宣布"领域权"，表示这块地方已经属于它所有，别人不得侵犯。

　　科学家发现，海豚也有自己特殊的"语言"。在海洋生物中，海豚的"语言"是最复杂的，它可以使用多种声音和信号，用来定位、觅食、求偶和联络。

动物语言中的方言

　　在人类的语言中，有着方言，一个北方人来到南方，或者一个南方人去到北方，一时听不懂那里的方言。在动物中，同样也存在着类似的情况。

　　每一种飞鸟几乎都有自己独特的语言，而且互不相通。有这么一个故事，在某个动物园中，一只野鸭闯入了红鸭的窝中，把老红鸭赶走，自己帮助红鸭孵出了一窝小鸭，可是这些小红鸭根本听不懂野鸭的"语言"，不听从它的指挥。小鸭们乱成一团，野鸭也毫无办法。

后来来了只大红鸭，它只讲了几句"土话"，小红鸭就乖乖地听它的话了。

不仅不同种动物之间语言不通，而且同种动物之间也有方言。美国宾夕法尼亚大学的佛林格斯教授研究了乌鸦的语言，而且将它们的语言用录音机录制下来。当成群的乌鸦从天上飞过时，佛林格斯教授在地上播放他先前录制的乌鸦的"集合令"，这时乌鸦群就乖乖地降落在地上。当他将乌鸦的"集合令"录音带带到另一个国家去播放时，就不灵了。他发现，居住的国家和地区的不同，乌鸦的语言也不一样，法国的乌鸦对美国乌鸦的"讲话录音"就一窍不通，甚至于对它们的报警信号也毫无反应。

科学家们又发现，海豚的"语言"是世界通用的。单个海豚总是默不作声，若有两个海豚碰到了一起，"话匣子"就打开了，它们一问一答，可以聊上很长的时间。为了研究海豚的语言，美国科学家曾做了一个"海豚打电话"的实验，把两只海豚分别关在两个互不联通的水池里，通过话筒和扬声器让它们互相"交谈"，然后录下它们谈话的内容，进行分析。当科学家将来自太平洋和大西洋的两只海豚分别置于两个水池之中时，这两只家乡相距8000千米的海豚，竟然通过"电话"交谈了半天。

动物的舞蹈语言和哑语

语言并不全是有声音的。聋哑人之间的交谈，全部靠哑语，也就是靠规范化了的手势和表情。在动物界中，也有"哑语"。

蜜蜂之间的"交谈"，是通过舞蹈来表达的。如果说它们全是用"哑语"，这也不确切，因为蜜蜂除了舞蹈的姿势以外，还要用翅膀的振动声来表达。振翅声的长短，表示蜂巢到蜜源距离的远近；振翅声的强弱则表示花蜜质量的好坏，这样，蜜蜂就能通过"舞蹈语言"和

"振翅语言"把蜜源的方向、距离、蜜量多少等信息通报给伙伴。

人们很想通过"语言"来与动物通话，其中最普遍的也许是人与狗之间的交流。人们常说，狗对主人忠诚，确实，狗对主人的声音十分熟悉，只要略加训练，它就能根据主人的口令趴下、跃起、坐下、站立、前进等等。

人们曾设想训练黑猩猩"说话"。黑猩猩的智力在动物界中居上等，而且它们许多地方也和人相似。例如，猩猩没有尾巴，和人一样有 32 颗牙齿，胸部只有一对乳头，母猩猩每月来一次月经，怀孕期也是 9 个月。猩猩和人的血液成分也很相似，也有不同血型，面部也同样可以表现出喜、怒、哀、乐等各种表情。但可惜的是，它们的发音器官极不发达，大多利用手势来表达意思。

在美国，有一对名叫加德纳的夫妇，采用美国聋哑人通用的哑语，去教授一只名叫"娃秀"的雌性猩猩。这只小猩猩出生后 18 个月就在热带森林中被人捕获，从此成为加德纳夫妇的"养女"。他们非常用心地训练娃秀，和它生活在一起，给它创造非常好的学习环境。为了不使声音干扰娃秀的学习，在小猩猩在场时，他们自己就用手势交谈。经过两年的训练，娃秀可以理解和领会 60 种手势，其中有 34 种可以在日常生活中灵活运用，如"吃"、"去"、"再多些"、"上"、"请"、"内"、"外"、"急"、"气味"、"听"、"狗"、"猫"等等，它还能将一些手势连贯起来。

人们期望将来能训练猩猩来进行一些简单的劳动。

利用动物"语言"为人类服务

科学家利用鸟的"语言"来驱赶鸟类。在飞机场的附近，大量鸟的存在是很危险的，万一它们和正在起飞或降落的飞机相撞，会造成不堪设想的后果。机场人员设法录下了鸟群的报警信号，并且在扩音器中不断播放，使得鸟群惊恐万分，远走高飞。

科学家也正在利用鱼的"语言"来捕鱼。凭借高水平的声纳仪来探测鱼群的位置，指导渔船下网，还可以人工模拟能吸引鱼的声音，如小鱼在活动时的声音，用来引诱鱼群靠近。

人类在寻找宇宙中的生命时，也考虑过和天外生命"对话"的问题。科学家录制了世界名曲，在太空中播放，希望能够引来知音。人类也希望能与"太空人"对话，但用什么语言去和他们交谈呢？有科学家建议使用"海豚语"，理由是海豚的智力相当发达，它也希望能和人类进行交流。如果科学家的假设能实现，那将是一次很有意义的尝试。

23. 动物嗅觉之谜

人类生活在世界上，靠我们的感官去认识世界：用眼睛看，用耳朵听，用鼻子嗅，用舌头尝，用身体感觉（如用手去触摸），在这眼、耳、鼻、舌、身中，最灵敏的是嗅觉。饭烧糊了，隔几个房间就能闻到焦味，在远离公路几百米的地方，就能嗅到汽油味。

对于动物来说，嗅觉的重要性甚于人类。因为有的动物视力不好，有的动物耳朵不灵，靠了嗅觉，它们才能识别同伴，寻找配偶，逃避敌人，发现食物。

嗅觉生理是生理学研究中一个比较困难的问题，还有许多难点在等待科学家去探索，但是科学家已经积累了许多关于嗅觉的资料，光是这些信息，就足以使我们赞叹动物世界的无穷奥秘。

灵敏惊人的动物嗅觉

在感觉和判断微量有机物质方面，任何先进的检测仪器都不能超越人的鼻子。自然界中的气味有几十万种之多，一般人可以嗅出其中几千种气味，而经过训练的专家则能嗅出几万种气味。虽然人和人之间的嗅觉会有差异，个别人由于病变而嗅觉迟钝，但大多数人都有很灵敏的嗅觉，甚至于在仪器尚不能测出之前，人就能嗅出花香和粪臭。近年来煤气的使用已越来越普及，如何防止煤气中毒也就成了一个大问题。由于管道煤气中的主要成分是一氧化碳，当人吸入之后，它会和血液中的血红素结合，造成窒息中毒。因为一氧化碳是无色无味的气体，人们很难发现它的存在，科学家们在煤气中混入了一种称为硫基乙醇的物质，它有一股怪味道，当煤气微量泄漏时，人就可以嗅到它的味道，随之警觉起来，采取措施，堵塞漏洞。

和人鼻相比，狗鼻子更加灵敏。

在电影和电视剧中，我们常看见警犬破案的故事，警犬破案用的就是它灵敏的鼻子。我们知道，人身上有着丰富的汗腺、皮脂腺，每个人分泌出的汗液和皮脂液味道是不同的，我们称之为人体气味。人鼻子较难分辨不同人的人体气味，而狗却可以。将犯罪分子穿过的衣服、鞋子或用过的用品给警犬嗅过后，它就能顺着气味去追踪逃犯，或者将混在人群中的坏人嗅出来。

海关人员利用狗的特殊嗅觉功能，训练它们搜寻毒品。目前，贩毒、吸毒已成了世界性的犯罪行为，罪犯携带毒品的手段也越来越狡猾。经过训练的狗能够搜寻出藏于行李中或汽车中各个角落或夹层中的毒品，它们屡建奇功，使得贩毒分子闻狗丧胆。目前，科学家们又发现猪的嗅觉也很灵敏，有的海关已开始训练猪来做毒品的"检查员"。

在瑞士等多山国家中，高山滑雪是人们喜爱的一种运动，但由于雪崩等自然灾害造成的事故，常常有滑雪者被埋于雪中。当地人训练了一批救护犬，每当发生雪崩或滑雪者失踪的事件时，就派这种救护犬上山寻找。它们身背标有红十字的口袋（其中装有应急的药品、食物等）和救援队员一起跋涉于高山积雪之中。由于它们的努力，不少遇险者获得了第二次生命。

在欧洲的一些城市，煤气公司训练了一批狗作为"煤气查漏员"。由于管道煤气的使用日趋广泛，要查找埋藏于地下的煤气管道的泄漏是一个难题。如果不能找到泄漏处，漏出的煤气在地下某一地方会积累起来，它们一遇上明火就会发生爆炸或燃烧。在查漏方面，狗是人类得力的助手，一发现问题，它就会狂吠不止，以引起人们的重视。

狗还是很好的地雷搜寻者。现代化的战争中，布雷成了保护自己、消灭敌人的重要手段。过去多用金属探测器来查找地雷，因为大多数地雷是用金属作为外壳的。后来，兵工专家改进了外壳材料，采用塑料或其他非金属性材料来做外壳，一般的金属探测器就找不出它们了。经过训练的狗能够嗅出火药的气味，所以不管用什么材料做外壳，它们都能把地雷查找出来。在战争中，它们的工作挽救了成千上万战士的生命。

还有的地质部门，训练狗帮助人们查找矿藏。

除了狗以外，金丝雀、小白鼠等动物，也有很好的嗅觉。

在煤矿中，有毒或易燃气体的存在，常引起井下爆炸，或发生煤矿工人中毒的事故。人们发现，金丝雀对于这类气体很敏感，矿井中存在的微量有毒气体在对矿工尚未造成威胁时，金丝雀就会出现窒息中毒的症状，所以，一些矿工在下井时带着金丝雀，将它们作为"生物报警器"。同样的办法也在某些生产有毒气体的工厂中使用。

小白鼠的嗅觉也很灵敏，在英国的旧式潜艇上，曾用过小白鼠作为汽油泄漏的"报警员"，一旦有汽油泄漏，小白鼠就会吱吱地叫起来。

鱼类洄游的秘密

人和高等哺乳动物是依靠鼻子来辨别气味的，而鱼却不一样，鱼类的嗅觉器官和味觉器官都长在嘴巴周围和唇边上。有些鱼的同类器官分布在鳍上或在鱼皮上，在这些地方有一种纺锤状的细胞。这些细胞是一种感受器，能从周围的水中接受各种信息。

鱼利用嗅觉去觅食，有些老龄的鱼已完全丧失了视力，但依靠嗅觉，仍然能找到食物。但灵敏的嗅觉，有时也会给鱼带来灭顶之灾。有一种称为长嘴青鸻鹬的鸟，就是利用鱼的嗅觉来引鱼上钩的。它会向水中分泌一种气味强烈的脂肪类物质，一些鱼循水中气味游来，然而等待它们的不是"美味"，而是青鸻鹬的利嘴。

还有一种生活在水中的动物蝾螈靠嗅觉来寻找配偶。科学家做了一个实验，在蝾螈的生殖期间，将一块海绵浸入雌蝾螈生活的水中，然后再把这块海绵放入小溪上游，于是许多雄蝾螈逆水而上，聚集到这块海绵的周围。如果将海绵浸入普通的水中，再做同样的实验，雄蝾螈就没有反应。由此可见，雌蝾螈向水中分泌了某种激素，雄蝾螈"嗅"到了这种激素，从而向雌蝾螈靠拢。

一些鱼类的洄游是自然界中有趣的现象。在溪流中，每年有不少鱼产的卵，受精卵孵化成小鱼后，它们就顺流而下，由小溪游进小河，再进入大江，经过几千米的游程，最后进入大海。小鱼在大海中长成了大鱼，当产卵季节又来临时，它们会循着小时候游过的路线，再回到童年时的"家乡"，在那里产卵。是什么因素引导着鱼类游向它们的家乡呢？根据研究，是它们家乡溪流中水的成分和水的气味。它们家乡的土壤、植物和动物特有的气味溶解在河水之中后，成为引导鱼类洄游的"路标"，在这中间，鱼类的嗅觉起了至关重要的作用。

科学家们利用鱼类凭嗅觉觅食、靠嗅觉决定洄游路线的生活习性，制造出人工模拟的"气味"环境，用于捕鱼以及引导鱼群进入较清洁的水域，这对于渔业生产是大有益处的。

至于鱼类如何在海中寻找到它们熟悉的江口，从而循气味游回家乡，这仍然是一个未解之谜。

昆虫靠嗅觉寻找配偶

和人类、鱼类不同，昆虫的嗅觉既不靠鼻子，也不靠皮肤或嘴唇上的感受器，它们靠的是嘴巴周围的触角或触须，这是昆虫的化学感受器官。在触角上，遍布着接受和处理气味信息的嗅觉细胞和神经网络。在麻蝇的触角上，有 3500 个化学感受器，牛蝇的触角上则有 6000 个，而蜜蜂中工蜂的触角上更有 12000 个化学感受器。正因为有了这些先进的"工具"，它们的嗅觉才特别灵敏，普通的家蝇可以识别 3000 种化学物质的气味。

蚂蚁依靠嗅觉来区分"敌我"，同一家族的蚂蚁，有着相同的气味，而外来的入侵者，由于气味不同而很容易被察觉。一只其他家族的蚂蚁，如果不慎走入，它很快就能被识别出来，而且将受极刑处罚。如果将外家族蚂蚁的提取物涂到本家族的一只蚂蚁的身上，由于气味的变化，它也会招致杀身之祸。

昆虫的嗅觉还用于寻找配偶。在昆虫的繁殖期，雌性的昆虫能释放出一种叫做性引诱剂的激素（又称性信息素），雄性的昆虫嗅到了这种气味后，就飞向雌性的昆虫。在交尾之后，雌性昆虫就不再释放这种激素。雄昆虫对这种性引诱剂的嗅觉特别灵敏，科学家曾做过一个有趣的实验，在几只雄蛾身上用油漆做上记号，把它们和关在笼中的雌蛾分开，并带到距离远近不同的地点，然后将它们——放出，30分钟后，第一只雄蛾飞到了雌蛾笼边，它飞行了 5 千米。以后，另一只相距 11 千米的雄蛾也飞到了。据分析，在那种距离的范围内，性引诱剂的含量已稀释到每 1 立方厘米的空气中只有 1 个分子，而雄蛾依然能分辨出。

科学家们利用现代的分析手段，搞清楚了一些昆虫性引诱剂的结构，并且在实验室中用化学方法合成了同样的激素。利用这些人造的性引诱剂在农田中捕杀害虫，已成为当今一种新的植物保护手段。

24. 动物认亲之谜

在动物世界中存在着各种各样的关系，这些关系远比人们想象的要复杂得多。科学家研究发现，在同一种动物中，血缘关系对动物行为的影响起着重要的作用。一般来说，同一血缘的个体，相互之间都能和睦相处，互助互爱。那么，动物是怎样识别亲属的呢？

气味是身份证

科学家通过实验证明，有些动物是通过气味来分辨亲缘关系的。

美国蛤蟆卵孵化出的蝌蚪，似乎能通过气味识别素昧平生的"兄弟姐妹"，它们情愿与"亲兄弟姐妹"集群游泳，而不愿与无血缘关系的伙伴为伍。科学家将一只蛤蟆同一次产的卵孵出的蝌蚪染成蓝色，另一只蛤蟆产的蝌蚪染成红色，一起放入实验室的水池中。开始它们混在一起，过不了多久，它们又自动分开，红色蝌蚪相聚在一起，蓝色蝌蚪相聚在另一处，泾渭分明，一点儿也不含糊。作为对照，科学家又做了一次实验，将蛤蟆同一次产下的卵孵出的蝌蚪一半染成红色，另一半染成蓝色，将它们放在一个水池中。这次它们并不按颜色分成两群，而是紧紧聚成一团。

蜜蜂是靠气味识别自己亲属的。蜂群里有专门的所谓"看门蜂"，由它控制进入蜂巢的蜜蜂。在一起出生的蜜蜂（一般都是同胞兄弟）

可以通行无阻，但阻止其他地方出生的蜜蜂入巢。"看门蜂"的任务是对进巢的蜜蜂进行审查，它以自己的气味为标准，相同的放行，不同的拒之门外。

蚂蚁也是以气味识别本家族成员的。蚁后给每只公蚁留下气味，有了蚁后亲自签发的"身份证"，才能自由出入蚁穴，否则要被咬死。

鱼类身上有识别性激素。鱼当了父母亲之后，体表常常会释放出一种被称之为"照料性激素"的化学物质，幼鱼嗅到后，便自动保持在一定的水域里生活，以利于亲鱼的照料和保护。如非洲鲫鱼，它的受精卵是在雌鱼口中孵化的，幼鱼从出世到自己独立生活之前，总是活动在雌鱼周围，一旦遇到敌害，雌鱼就把它们吸到口腔里。假若没有"照料性激素"，它们是绝不会有这种母子之情的。

鸣声辨别亲属

鸟类、蝙蝠等是靠声音辨别亲属的。

为了探索鸟类是怎样从鸣声识别亲缘关系的，鸟类学家海斯和他的学生研究了雌野鸭的孵卵过程。他们把微型麦克风安放在野鸭巢的底部，然后跟录音机相连。他们发现，孵卵的雌鸭在开始孵卵的第四个星期发出"嘎嘎"的较微弱的低声鸣叫，每声只持续150毫秒。这时，被孵化的卵里边发出"叽叽"声。起初，这些声音很小很小，随着时间推移，雌鸭的鸣声越来越频繁，卵里的"叽叽"声也愈来愈高，随后小鸭就出壳了。在雏鸭出生后2小时，两种鸣声增加了4倍。雏鸭出生后的第16～32小时，雌鸭离巢游向水中，它发出急促的呼唤声，每分钟快达40～60次。于是小鸭纷纷出巢，跑向母亲。由此看来，雏鸭在卵内孵化的第27天起就开始听到母亲的声音，在这一过程里听觉起主要作用。雏鸭出壳后，视觉、听觉一起作用，使雏鸭进一步认识母亲。

燕鸥的巢筑在海滩上，巢与巢靠得很近，但燕鸥能根据叫声和外形识别自己的雏鸟，从不会搞错。

崖燕大群大群地在一起孵卵，峭壁上会同时挤满几千只葫芦状的鸟巢，密密麻麻地巢挨着巢。但用不着担心老崖燕会认错自己的子女。对它们来说，雏燕的叫声就是它们的识别标志。在常人听来，雏燕的叫声似乎是一样的，没啥区别。但如果仔细分析，可发现其中仍有细微的差别。实验证明，若向附近的空巢放送雏燕叫声的录音，老鸟每次都只向自己雏鸟的叫声飞去。当然识别是相互的，老鸟在听到雏鸟的叫声时，也会发出鸣叫，雏鸟听到后，会叫得更加起劲。

在美国西南地区一些岩洞里，栖息着7000万只无尾蝙蝠。它们的居住地如此拥挤，以至长期以来生物学家们推测，母蝙蝠喂奶时，不可能喂自己的亲生子女，而只是盲目地喂首先飞到自己身边的小蝙蝠。为了弄清这个问题，美国生物学家麦克拉肯和他的助手做了实验，他们从洞里密密麻麻的、正在喂奶的800万对蝙蝠中抓走167对，随后对每对蝙蝠的血液进行基因测定。结果发现，约有81%的母蝙蝠喂的正是自己的子女。麦克拉肯带着照明设备在山洞里又进行仔细的观察，他发现，母蝙蝠在喂奶前，先要发出呼唤的叫声，再根据小蝙蝠的回答来判断是否是自己的子女，还要进一步用鼻子嗅，在确认是自己的子女后才喂奶。

骗亲有其道理

生物界有认亲行为，也有骗亲行为存在。有的动物为了达到某种目的，采取了一些骗亲手法，杜鹃是这方面的行家里手了。

杜鹃在繁衍后代的时候不垒巢、不孵卵、不育雏，这些工作会由其他鸟来替它完成。春夏之交是雌杜鹃产卵的时期，它便选定画眉、苇莺、云雀、鲤鸟等的巢穴，利用自己的形状、羽色和猛禽鹰鹞相似的特点，从高远处疾飞而来，巢内的其他鸟以为大敌鹞鹰来犯，便仓皇出逃，杜鹃乘机便将卵产在这些鸟的巢内。由于长期自然选择的原因，杜鹃产的卵在大小、色泽、花纹方面和巢主产的卵相差甚微，因此不易被巢主发现。杜鹃的卵在巢内最先破壳成雏。小杜鹃的背上有块敏感区域，有东西碰上，它便会本能地加以排挤，所以巢主的卵和破壳的雏鸟便被它推出巢外。这样，小杜鹃可以独自占养父母采集来的食物了。小杜鹃慢慢长大了，老杜鹃一声呼唤，它便跟着远走高飞。

长尾叶猴是一种温和的群居动物，群内成员会很好合作，很少发生争斗。一般由 1—3 只成年雄猴为头领，带领 25～30 只猴子。但如果有一只年轻的雄猴登上首领宝座，它会杀死老猴王留下的所有幼猴。有些科学家认为，新猴王杀死未断奶的幼猴，是为了更快地得到自己的子孙。因为哺乳动物在哺乳期一般不繁殖，杀死幼猴可促使母猴及早进入繁殖期，从而早日生育新首领的子女。因此，这种杀婴行为对于整个种群可能是一种生殖上的进步，这种观点叫"生殖优势"。

不过，母猴总是爱自己孩子的。如果有一只雌猴此时已怀孕，它为了保护腹中的胎儿，会随机应变地制造一幕生物学上的骗局：它假装已经发情，与新上台的猴王进行交配，使这位新首领以为将要降生的小猴真是它的亲生孩子。雌猴从而成功地救下了这条小生命。

一种生存适应

社会生物学家认为，"同缘相亲"是动物的一种本能，是一种生存适应。动物终究是动物，它的生存有一个目标，那就是传播自己的基因。如果崖燕不能认亲，就可能把辛辛苦苦找来的食物给别的幼鸟吃，而让自己的孩子饿肚子。新猴王要咬死老猴王的后代，因为这些小猴不会有它的基因。

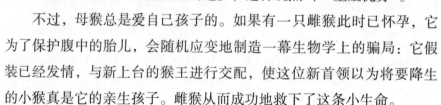

25. 恐龙为什么会灭绝

远在距今 2.25 亿年至 7000 万年前的中生代，地球是恐龙的世界，但后来恐龙又为什么灭绝呢？让人百思不得其解。

空中有飞龙和翼手龙。飞龙长着尖长的头颅，尖利的牙齿，身后还拖着一条长尾巴，它两翼展开时有 6 米多长。翼手龙已经逐渐进化了，头骨变轻，牙齿和尾巴已经退化或消失。它们都在海面飞行，捕食鱼类。

海洋里有鱼龙和蛇颈龙。鱼龙的外形有点像现代的海豚；蛇颈龙与鱼龙一样，但颈很长，牙齿尖利，最大的蛇颈龙约有 15 米长。它们是海洋的霸主，也是以捕鱼为生的。

在陆地、湖泊和沼泽地里有各种各样的恐龙。它们形状有的像鸵鸟，有的像乌龟，有的像袋鼠，最大的体重约 80 吨，比 16 头现代非洲大象还要重，最小的只有鸡那么大。它们有的吃植物，也有的吃别的恐龙或其他动物。

然而，遍及地球各个角落的恐龙，生活了约 1.3 亿年之后，竟然一个不剩地永远从地球上消失了，这是为什么呢？

英国一位名叫托尼·斯韦因的科学家认为：约在 1.2 亿年以前，最早的有花植物出现了。而在有花植物的组织内，常常含有作用强烈的生物碱，许多生物碱会对恐龙的生理产生不利影响，甚至有的生物碱，如泻花碱、马钱子碱等，具有很大的毒性，恐龙吞食了过量的生物碱毒素后，引起严重的生理失调，最后导致死亡。他还认为，在欧洲发现的身体纤细、脖子较长的妮骨龙，死亡后身躯发生扭曲，主要是由于吃了过量的马钱子碱所致。

美国的科学家活利斯·塔克和加拿大的科学家戴尔·拉塞尔认为：

一场飞来的横祸临近地球的超新星爆炸引起了恐龙的灭绝。他们解释说，超新星在爆炸时，相当于 10 个太阳集中在一起那样巨大的恒星爆炸，能释放出 10 万个 1000 万吨氢弹的能量。这些能量，使地球表面的 $20 \sim 80$ 千米厚的上部大气层加温，因此地表上刮起大台风、下起强烈暴雨，而这些从地表卷起的高温空气在高处形成冰云，像屏幕一样遮住了太阳的辐射热，从而降低了整个地球的温度。这样，习惯于热带性气候的恐龙，统统被冻死了。

此外，还有各种各样的说法：有的认为，随着植物的进化，空气中的氧日益增加，加快了恐龙腹内食物的消化，而恐龙又没法获得大量食物，最终全部死亡；有的认为，由于大陆漂移，引起气候的剧烈变化，恐龙无法适应这一变化以致死亡；有的认为地球气温的变化，使性腺极为敏感的恐龙丧失生殖能力，导致了恐龙的灭绝。

有的认为，那时恐龙的生活环境发生了突然变化，严重的干燥气候和微量元素的污染，影响了蛋壳的正常发育，形成病态蛋壳结构，造成恐龙灭绝。

这些说法虽然都有一定的道理，但又存在着这样或那样的不足之处，恐龙究竟如何灭绝，随着科学的发展和人类不断的探究，会找到一个圆满的答案的。

26. 海豹死亡之谜

海豹是生活在寒带和温带海洋中的哺乳动物，主要分布在北冰洋、太平洋北部和大西洋北部一带。在欧洲的北海沿岸，生活着大量的海豹。由于这里气候比较寒冷，鱼类丰富，非常适合海豹在这里繁衍生息。但由于过量捕杀和环境污染，海豹的数量锐减，面临着灭亡的危险。因此，世界有关组织正在采取各种措施来保护海豹。1988 年，一条消息引起了世界的震惊，在北欧沿岸，在不到半年的时间里，就有18000多头海豹莫名其妙地死去。

这样一大批海豹的死亡，人们首先想到的就是环境污染。人们向海里排放的废物中，含有很多重金属及放射性物质，鱼吃了这些东西后，就会把它们聚集在体内。海豹每天大约要吃10千克的鱼，其中的有毒物质也会在它的体内聚集起来，达到一定的数量之后，海豹就会死亡。但是，这些有毒物质对海豹造成的危害是渐进的，不会很快造成大批死亡。因此，这一说法还不能解释为什么这么多的海豹会在这么短的时间内突然死亡。

在荷兰，有一家海豹医院，每年都有很多患病和受伤的海豹被送到这里就医，医好之后再把它们放回大海。为了弄清海豹大批死亡的原因，这家医院的院长雷尼邀请荷兰国家免疫生物学研究所所长奥斯塔豪斯教授对生病的海豹进行会诊。他们得出的结论是，造成海豹大量死亡的原因是由于某种恶性流行性病毒。但这到底是一种什么病毒呢？根据这个研究小组分析，有三种病毒的可能比较大：狂犬病病毒、艾滋病病毒和麻疹病毒，也可能是某种未被发现的病毒。一旦这种病毒被找到了，就可以开发出预防这种病毒的疫苗，海豹大批死亡的现象就可避免。

27. 植物也有思维吗

如果说人具有思维，这是谁都不会感到奇怪的事，如果说动物具有思维，这也是人们能够接受的，但如果说，植物也有思维能力，你一定会非常惊讶！

美国的维维利·威利曾做过这样一个试验：她从公园里摘回两片虎耳草的叶子，祝愿其中一片叶子继续活着，对另一片叶子则根本不予理睬。一个月后，她不闻不问的那片叶子已经萎缩变黄，开始枯干；可她每天注意的那片叶子不但仍然活着，而且就像从公园里刚摘下来的一样。似乎有某种力量使它能够违反自然法则，使叶子保持健康状态。

美国化学师马塞尔·沃格尔按照威利的做法，从树上摘下三片榆树叶，放到床边一个玻璃碟里。每天早饭前，他都要花一分钟的时间，劝勉两边的叶子继续活下去，而对中间那片叶子不予理睬。一周后，中间的一片叶子已变黄枯萎，另两片仍然青绿、健康。使沃格尔感兴趣的是，活着的两片叶子的小茎上的伤痕似乎已经愈合。

这件事给沃格尔以很大的鼓舞，他想，人的精神力量可以使一片叶子超过它的生命时间保持绿色，那么这种力量会不会影响到别的植物呢？他在制作幻灯片时，用心灵寻找人们用肉眼看不到的东西，结果他发现植物可以获知人的意图。他还发现不同的植物，对人意识的反应也不同。就拿海芋属的植物来说吧，有的反应较快，有的反应较慢，有的很清楚，有的则模糊不清。不仅整株植物是这样，就其叶子来说，也各自具有特性和个性，电阻大的叶子特别难于合作，水分大的新鲜叶子最好。植物似乎有它的活动期和停滞期，只能在某些天的某个时候才分别进行反应，其他时间则没有反应。

1971 年春天，沃格尔开始了新的实验，看能否获得海芋属植物进入与人沟通联系的准确时刻。他把电流计连在一株海芋植物上，然后他站在植物面前，完全松弛下来，深呼吸，手指伸开几乎触到植物。同时，他开始向植物倾注一种像对待友人一样的亲密感情。他每次做这种实验时，图表上的笔录都发生一系列的向上波动。沃格尔认为，他和海芋植物之间的互相反应，似乎于他和爱人或挚友间的感情反应有同样的规律，即相互反应的热烈情绪引起一阵阵能量的释放，直到最后耗尽，必须得到重新补充。

在另一次试验中，沃格尔将两株植物用电线连在同一部记录仪上。他从第一株上剪下一片叶子，第二株植物对它的同伴的伤痛做出了反应。不过这种反应只有当沃格尔注意它时才会有。如果他剪下这片叶子不去看第二株植物时，它就没有反应。这就好像沃格尔同植物是一对情人，坐在公园的凳子上，根本不留意过路行人。只要有一个人注意到别人时，另一个人的注意力也会分散。

沃格尔说："人可以而且也做到了与植物的生命沟通感情。植物是活生生的物体，有意识，占据空间。用人的标准来衡量，它们是瞎子、聋子、哑巴，但我毫不怀疑它们在衡量人的情绪时，却是极为敏感的工具。它们放射出有益于人类的能动力量，人们可以感觉到这种力量。它们把这种力量送给某个人的特定的能量场，人又反过来把能量送给植物。"

在同植物进行感情交流时，千万不能伤害植物的感情。沃格尔请一位心理学家在 15 英尺外对一株海芋属植物表示强烈的感情。试验时，植物作出了连续不断的强烈反应，然后突然停止了。沃格尔问他心中是否出现了什么想法，他说他拿自己家里的海芋属植物和沃格尔的做比较，认为沃格尔的远比不上他自己的。显然这种想法刺伤了沃格尔的海芋属植物的"感情"。在这一天里，它再也没有反应，事实上两周内都没有反应。这说明，它对那位心理学家是有反感的。

沃格尔发现植物对于谈论不同的话题内容也表现出不同的反应。植物对在摇曳着烛光的暗室里讲鬼怪的故事也有反应。在故事的某些情节中，例如"森林中鬼屋的门缓缓打开"，或者"一个手中拿刀子的怪人突然在角落出现"，或者"查尔斯弯下腰打开棺材盖子"等等，植物似乎特别注意。沃格尔还用事实证明，植物也可以对在座人员虚构想象力的大小作出反应。

沃格尔的研究为植物界打开了一个新的领域。动植物也有思维，它们似乎能够揭示出任何恶意或善意的信息，这种信息比用语言表达的更为真实。这种研究其意义无疑是深远的，但怎样进一步开发它，让它为人类服务，还是一个值得研究的问题。

28. 植物是否有血液

人和动物都有血液，那么植物有血液吗？

我国南方山林的灌木丛中，生长着一种常绿的藤状植物。每到夏季，便开出玫瑰色的美丽花朵。当你用刀子把藤割断时，就会发现，流出的液汁先是红棕色，然后慢慢变成鲜红色，与鸡血一样，这种植物叫"鸡血藤"。

南也门的索科特拉岛，是世界上最奇异的地方。据统计，岛上约有 200 种植物是世界上任何地方都没有的。其中有一种"龙血树"，它分泌出一种像血液一样的红色树脂，这种树脂被广泛地用于医学和美容。这种树主要生长在这个岛的山区。

英国威尔有一座公元 6 世纪建成的古建筑物，它的前院耸立着一株杉树，至今已有 700 年的历史。这株树高 7 米多，它有一种奇怪的现象，长年累月流着一种像血液一样的液体，这种液体是从这株树的一条 2 米多长的天然裂缝中流出来的，这种奇异的现象，每年都吸引着成千上万的游客。这颗杉树为什么会流"血"，引起了科学家的注意。他们对这棵树进行了深入研究，也没找到流"血"的原因。要想揭开其中的奥秘我们只有等待着科学家们继续去努力探索。

关于植物是否有血液的问题也待进一步研究。

39. 植物也进行呼吸吗

　　植物虽然没有呼吸器官，但是，实际上植物在它的一生当中，无论是根、茎、叶、花，还是种子和果实，时时刻刻都在进行着呼吸。只是植物呼吸，人的肉眼看不出来。不过要想了解植物的呼吸也并不难。我们把植物放在一个一点儿也不漏气的容器里，过一段时间以后，测试一下就会发现容器里的氧气减少了，二氧化碳增多了。原因就是植物在进行呼吸，把氧气吸收了，放出了二氧化碳。这种情况在我们的日常生活中也可以见到，如在我国北方，人们冬天要挖窖来储藏白菜、萝卜等蔬菜。如果把菜放入地窖里，盖严窖门，过些日子，打开菜窖后你把点着的一支蜡烛，用绳子系着吊下窖里，你便会发现蜡烛马上熄灭了。这是为什么呢? 原因是蔬菜在呼吸时，把窖内的氧气给吸收了，而放出的二氧化碳则留在窖内。这两个例子都说明了植物是要进行呼吸活动的。

　　种在田地里的庄稼，它们所进行的呼吸活动在一般情况下是看不出来的。如果科学家用二氧化碳气体分析仪器，就可以测出庄稼呼吸时进行气体交换的情况。

　　那么，植物为什么要进行呼吸呢?

　　其实，生物吸进氧气，呼出二氧化碳，只不过是呼吸活动的表面现象。而呼吸的本质是生物身体里的有机物质氧化分解的过程。对植物来说，通过呼吸才能把光合作用所制造出的有机物质加以利用。植物身体里有许多有机物质，比如糖类、脂肪和蛋白质都要通过呼吸作用来进行氧化分解。

　　平常在氧气充足的情况下，植物体内的有机物质被彻底地氧化分解，最后生成二氧化碳和水等，这叫"有氧呼吸"。有氧呼吸能够释放出很多能量，这些能量可以供给植物本身生命活动的需要。比如细胞里的分裂、组织分化、种子萌发、植株成长、花朵开放等过程，以及植物的根从土壤里吸收水分和肥料，营养物质在身体里的运输等活动都需要能量。

植物在呼吸过程中，有机物质的氧化分解，是一步一步进行的，整个过程中间会生成许多种与化学成分不同的物质。这些物质是植物用来合成蛋白质、脂肪和核酸的重要材料。所以，呼吸活动跟植物身体里各种物质的合成和互相转化有密切关系。

植物如果处在缺氧的环境里，它不会像动物那样马上停止呼吸，很快死亡。植物在缺氧的时候，虽然没有从外界吸收氧气，可是它照旧能够排出二氧化碳，这叫"无氧呼吸"。但这种无氧呼吸对植物是很不利的，因为有机物质氧化分解不彻底，会造成植物体内的细胞中毒，最后导致植株死亡。

植物的呼吸作用跟农产品的贮藏也有着密切的关系。粮食、水果和蔬菜等收下来以后，呼吸活动还在进行。在贮藏过程中，一方面要让呼吸继续进行，这样，粮食、水果和蔬菜等才不会变质；另一方面又要使呼吸尽量减弱一些，以减少消耗。粮食种子进入仓库以前要测量一下含水量。各种粮食种子的含水量符合国家标准时，种子正好进行微弱的呼吸，这样既能保持生命力，营养物质的消耗又比较小。贮藏粮食的时候，一般不需要保持它的生命力，主要要考虑减少它的消耗。因此，可以用将容器抽真空然后充氮气的办法来抑制粮食的呼吸活动，达到长期保存的目的。

30. 植物也有血型吗

人体内的血液有各种各样的类型（人们称它叫"血型"），这是大家都知道的。

然而，植物却也有血型。

1983 年初，在日本东北部的一个城市，发生了一起凶杀案件。日本科学警察研究所法医、第二研究室主任山本茂亲自负责这一案件的侦破工作。为了对照鉴定血型，他同时化验了受害者枕套上的血迹及其旁边没有沾到血迹的部分。令他吃惊的是，没有沾到血迹的枕套也有血型，为 AB 型，这是怎么回事呢？山本茂打开枕套，发现里边是日本人常用的荞麦皮枕芯。难道荞麦皮这样的种子外壳也有血型吗？山本茂再次对它做了血型化验，证实它确实为 AB 型。

这一意外而又惊人的发现，引起了山本茂的浓厚兴趣，他又对 *150* 多种植物果和 *500* 多种植物种子分别进行血型鉴定。结果发现有 *19* 种植物和 *60* 种植物种子显现了血型反应。

经过科学家们的研究，现在已经知道：萝卜、芫荽、葡萄、山茶等为 O 型；梧桐、玉米、葫芦等为 A 型；扶芳藤、罗汉松、大黄杨等为 B 型；李子、荞麦、侵木、金银花等为 AB 型。有趣的是，枫树却有 O 型与 AB 型两种血型：到了秋天，属 O 型的，树叶变红；属 AB 型的，则泛黄。这也许是血型与枫叶颜色有某种联系的缘故。

植物体内没有血液，科学家们是怎样进行血型鉴定的呢？

人体血型鉴定，即是用抗体鉴定人体内是否存有某种特殊的糖。科学家鉴定植物血型的方法是利用从人体或动物血液中分离出来的抗体，然后观察抗体与植物体内汁液的反应情况，由此即可得知植物的血型。

植物血型的发现，也许有助于生物学家对细胞融合、品种杂交、种苗嫁接等的研究。

31. 植物情报传递之谜

许多动物能够以不同的方式向自己的同伴传递一些信息，以表达自己的意愿等，而"植物王国"里也有信息传送吗？如果有，它们又是靠什么来传递信息的呢？

美国华盛顿大学的两位研究人员，用柳树、赤杨和在短短几个星期内就能把整株树叶吃光的结网毛虫进行实验。他们把结网毛虫放在一棵树上，几天内发现树叶的化学成分有了某种程度的变化，特别是单宁含量有了明显的增加。昆虫吃了这种树叶不易消化，于是，失去了胃口，便另去别处寻找可口的佳肴，从而保护了树木自身。让人大吃一惊的是：当做实验的树木遭到虫害后，在65米距离以内，其他树木的叶子在2～3天内也发现有相类似的变化，单宁含量增加，味道变苦，以此来防御昆虫对它们的侵害。实验结果充分说明了植物之间是有信息联系的。

1986年克鲁格国家公园里出现了一件怪事。每年冬季，这里的捻角羚羊有不少都莫名其妙地死去，但与它共同生活在一个地方的长颈鹿却安然无恙。

原来，长颈鹿可以在公园范围内随意走来走去，长颈鹿可以到处挑选园内不同树木的叶子。而捻角羚羊则被圈养在围栏内，不得不限于吃生长在围栏内的树叶子。科学家还发现，长颈鹿仔细挑选它准备吃叶子的那棵树，通常从10棵枞树中选1棵。此外，它们还避开它们已经吃过的枞树后迎风方向的枞树。专家研究了死羚羊胃里的东西，发现死因是它们吃进去的树叶里单宁含量非常高，这种毒物损害动物的肚脏。在研究长颈鹿胃里的东西之后，他们发现，长颈鹿吃入的食物品种较多，所吃入的枞树叶的单宁浓度只有6%左右，而捻角羚羊胃里的单宁浓度高达 *15%* 。

　　为什么在同样一些枞树的叶子内，而在不同动物胃里，单宁浓度不同呢？经研究，专家认为：枞树用分泌更多单宁的方法来保护自己以免遭到动物吞食。在研究中他们还发现：当枞树不止一次受到食草动物的侵袭时，枞树能向自己的同伴发出危险"警报"，让它们增加叶里的单宁含量。收到这一信息的树木在几分钟内就采取防御措施，使枞树叶子里的单宁含量迅速猛增。

　　植物之间有传递"情报"行为，已被人们所公认，但它是如何传递的呢，它的"同伴"又是怎样接收到它的"情报"的呢？还需要专家们进一步研究才能得知。

32. 植物神经之谜

　　自然界有些植物很敏感，在遇到外界触碰刺激时，会像动物一样做出十分快速的反应。比如含羞草在受到触摸后，能在 *1* 秒钟或几秒钟时间之内将叶片收拢。澳大利亚的花柱草，雄蕊像一根手指伸在花的外边，当昆虫碰到它时，它能在 *0.01* 秒的时间内突然转动 *180°* 以上，使光顾的昆虫全身都沾满了花粉，成为它的义务传粉员。捕蝇草的叶子平时是张着的，看上去与其他植物的叶子并无二致，可一旦昆虫飞临，它会在不到 *1* 秒钟的时间之内像两只手掌一样合拢，捉住昆虫美餐一顿。众所周知，动物的种种动作都是由神经支配的，那么植物呢？难道植物也有神经吗？

　　早在 *19* 世纪，进化论的创始人达尔文就在研究食肉植物时发现，捕蝇草的捉虫动作并不是遇到昆虫就会发生，实际上，在它的叶片上，只有 *6* 根毛有传递信息的功能，也就是说，昆虫只有触及到这 *6* 根"触发毛"中的一根或几根时，叶片才会突然关闭。信号以这样快的速度从叶毛传到捕蝇草叶子内部的运动细胞，达尔文因此推测植物也许具备与动物相似的神经系统，因为只有动物神经中的脉冲才能达到这样的速度。

20世纪60年代后，这个问题再一次成为科学家们研究的重点课题。

坚持植物有神经的是伦敦大学著名生理学教授桑德逊和加拿大卡林登大学学者雅克布森。他们在对捕蝇草的观察研究中，分别测到了这种植物叶片上的电脉冲和不规则电信号，因此便推断植物是有神经的。沙特阿拉伯生物学教授塞勺通过研究也认为植物有"化学神经系统"，因为在它们受伤害时会做出防御反应。

但是也有许多学者不同意这一观点，德国植物学家冯·萨克斯就是其中之一。他认为，植物体内电信号的传递速度太缓慢，一般为每秒20毫米，与高等动物的神经电信号传递速度每秒数千毫米根本无法相比，而且从解剖学角度看，植物体内根本不存在任何神经组织。

美国华盛顿大学的专门研究小组在研究捕蝇草时发现，反复刺激片上的"触发毛"捕蝇草不仅能发出电信号，同时也能从表面的消化腺中分泌少量的消化液。但仅仅据此，仍然无法确定植物体内一定具有神经组织。

所有植物都有应用电信号的能力，这已经被科学家们反复验证。但是，因为植物的电信号都是通过表皮或其他普通细胞以极其原始的方式传导的，它并无专门的传导组织。因此，相当多的学者认为，植物的电信号与动物的电信号虽然十分相似，但仍不能认为植物已经具备了神秘系统。植物到底有没有神经，还有待人们进一步去研究探讨。

33. 植物记忆力之谜

法国克兰蒙大学有一位科学家叫玛丽·狄西比，几年前用金盏花做了一系列实验，居然证明植物也有记忆力！

金盏花是一种一年生花卉，高约30~60厘米，整个植物都长有细毛，叶子是椭圆形的，大小相等，开黄色花朵，与菊花相似。这位科学家是这样进行实验的：她先找来两盆金盏花，在它们刚刚发芽的阶段用针在一盆金盏花左侧的叶子上刺出4个小孔。5分钟后，她把这盆金盏花的顶芽和叶子剪掉。过了一段时间，这棵金盏花长出了新的顶芽，但新长出来的叶子出现了明显的差别，左侧的一片叶子很小，右侧的一片叶子却很大；而没有经过针刺的那盆花，长出的叶子仍然是对称的。她认为金盏花是有记忆力的，它记住了那次针刺。后来，玛丽·狄西比又进行了一次实验。这次她选用一棵金盏花，先后进行了两次针刺。第一次是在同一侧的叶子上刺了4个小孔，然后剪去顶芽；在经过不同长短的时间间隔以后，她又分别在左右两侧的叶子上都刺出一个小孔，再剪去顶芽。由于第一次针刺与第二次针刺之间的时间间隔长短不一样，结果就出了差别。如果两次针刺的时间间隔很短，那么，这棵金盏花就只能"记住"后面的针刺，就是说，它长出的叶子还是对称的；但如果这两次针刺的时间间隔很长，那么，它就会"记住"第一次的针刺，而把第二次针刺"忘记"，就是说，它长出了左右不对称的叶子。于是这位科学家认为植物的记忆力分为两种：长期记忆和短期记忆，在某些条件下，植物的长期记忆要比短期记忆牢固。

玛丽·狄西比进行了如此新奇的实验，也得出了结论，但科学并没有停止在她的实验面前，人们认为还应当进行更多的实验，研究植物是怎么保持了这种记忆的？它们有没有神经系统？这就是一些还没有揭开的谜。

34. 植物的"武器"

花草树木不会主动袭击别人，它们通常只能被动地受侵犯，完全是一副"逆来顺受"的样子。然而，植物为了自身的需要，也会给自己装备某些"武器"。例如，锋利的芒刺、坚韧的树叶、难以钻穿的树皮等等，都是植物保护自己免受敌害的"武器"。此外，有些植物的武器非常有趣。

在非洲中部的森林里，长着一种坚硬有刺的树木，当地人称之为"箭树"，箭树含有剧毒，人兽如被它刺中，便会立即致死。

我国西双版纳的箭毒木，树皮里白色乳汁毒性极大，且有刺鼻气叶。如果误入人眼，马上使人双目失明；人吃了，一刻钟就可使心跳停止。它的原名叫"加独"，我国植物学家译为"见血封喉"，可谓名副其实。

有"箭"还有"炮"。美洲沙箱树的果实成熟时，它的种子能在一声巨响中，炸飞到十几米以外。生长在非洲和前苏联高加索地区的喷瓜，果实像个大黄瓜，它成熟落地时，里面的浆液和种子就会"嘭"的一声，像放炮似的向 10 米外喷射，人称"铁炮瓜"。喷瓜的黏液有毒，不能让它滴到眼中。

南美洲的热带森林里，有一种叫"马勃菌"的植物，状似地雷，每个重达 10 多千克。如果不小心踩着或触动了它，它就会发出像地雷爆炸般的"轰隆"巨响，同时还会散发出强烈的刺激性气味，使人喷嚏不断、涕泪纵横、眼睛刺痛。人们管它叫"植物地雷"。

35. 树木年龄之谜

人们都会唱"HappyBirthday"这支生日歌，每年自己或朋友过生日时，大家都唱生日歌以示祝贺。那么，树木也有年龄吗？怎么计算它们的年龄呢？

许多人家的厨房里都有一个圆圆的厚木墩，那是切肉用的。当刚刚买来这种木墩的时候，你对它仔细观察一下，就可以看到上面有一圈又一圈的密密麻麻的木纹，这些木纹有深颜色和浅颜色，宽度也不一致，这就叫做年轮。树木的年轮记录着它们的年龄，每年长出一轮，因此数一数年轮就知道树木的年龄了。一年四季当中，树木生长的速度并不相同。春天阳光明媚，雨水充足，气候温和，树木生长得很快，这时生长出来的细胞体积大，数量也多，因此细胞壁较薄，木材的质地疏松，颜色也浅；而在秋季，天气渐渐凉了，雨量减少了，阳光也失去了夏天的炎热，树木生长速度就减慢了，这时生长出来的细胞体积小、数量少，细胞壁变厚，质地紧密，颜色就比较深。到了第二年，在去年深颜色的秋材之外，又生长出浅颜色的春材，这样年复一年，深浅不同的颜色互相间隔，就形成了一圈又一圈层次分明的花纹。根据树桩的年轮就能知道树木的年龄了。

和植物的年龄比起来，动物的年龄就太短暂了。鲸鱼大约可以活70多年，大象可以活60多年。但是，许多树木至少都可以活100年以上，葡萄树能活80～100年；杏树和柿子树能活100多年；枣树能活100～200年；苹果树能活200年；柑橘和板栗树能活200～300年；梨树能活300年；核桃树能活300～400年；杨树能活200～600年；榆树和国槐能活500多年；红杉树能活将近4000年。山相是落羽杉的近亲，墨西哥南部的圣玛利亚德图尔教堂就有棵山相，它高47米，周长将近 40 米，年龄大约有 4000 年了。50 年代科学家在美国加利福尼亚州发现了一棵刺果松，据说它的年龄已有 4500 岁。

在我国也有许多 1000 多年的老树。据说在陕西省黄陵县轩辕皇帝的陵园里，有一棵"黄陵古柏"是轩辕皇帝亲手栽种的，到现在已有近 5000 年的树龄；在山东曲阜孔庙有一棵松树，据说是孔子种植的，距今已有 2400 多年；南京有一棵六朝松已经活了 1400 多年；江西庐山的黄龙寺有一棵晋朝的银杏树年龄将近 1600 年了；北京西山的潭柘寺也有一棵高大繁茂的银杏树，树高约 40 米，直径将近 4 米，据说是辽代种植的，至今已有 1000 多年的历史了。

其他地方的树木爷爷也很多。西伯利亚松可以活到 1200 岁；欧洲的雪松和紫杉可以活到 3000 岁；前面讲过的坦桑尼亚的波巴布树年龄最大的竟然有 5150 岁了。1749 年，法国科学家亚当森到非洲西部的一个小岛上旅行，发现了 300 年前英国人刻在一棵大树上的文字，经测量，他判断这棵树已有 6000 年的树龄了。在大西洋的一些岛屿上，有一种龙血树，活 5000 岁或 6000 岁的树木只能算是中年。早在 500 年前，一位西班牙人在位于非洲西北部大西洋中的加那利群岛上测定过一棵龙血树，估计它的年龄大约是 8000 岁到 1 万岁，但是，在 1827 年受到暴风雨的袭击死去了，这可能是世界上目前所发现的年龄最大的树木了。

根据树木的年轮，科学家不仅可以知道树木的年龄，还可以了解到许多重要的信息。年轮的宽窄与树林生长的气候有很大关系。如果树木生长时雨量丰富，阳光充足，气温适宜，年轮就宽；反之雨量稀少，气温偏低或偏高，阳光也不充足，年轮就狭窄。因此，科学家往往要根据年轮的变化来推测自然历史和气候变迁的情况。美国科学家就根据从年轮得到的信息，发现美国西部草原每隔几年就发生一次干旱，因此成功地预报了 1976 年的严重旱情。美国科罗拉多州西南部有一个梅萨费尔德国家公园，古代印第安人在那里留下了 *300* 多座住宅，它们代表了印第安人的村落普韦布洛的最高水平。但是，在 *13* 世纪后期他们突然离开了自己的家园，那里成了一片废墟，为什么？根据年轮提供的气象信息分析，原来在 *13* 世纪最后的 *25* 年里，那里发生了严重的旱灾，人们只好背井离乡。

年轮在环境科学和医学方面也能为科学研究提供帮助。德国科学家用光谱法对 *3* 个地区的树木年轮进行对比，掌握了将近 *120* 年到 *160* 年间这些地区铅、锌、锰等金属造成的污染，找出了环境污染的主要原因。我国科学家发现黑龙江省和山东省一些地区的树木中钼的含量变化与克山病的发病率存在一定的关系，年轮中钼的含量低，克山病发病率就高。另外，美国科学家还利用年轮进行地震研究。由于地震往往会造成地面倾斜，而树木又有笔直生长的倾向，因此年轮也会相应发生变化，根据这些变化，就可以了解当地历史上发生地震的时间、强度和周期，于是就有可能做出成功的地震预报。

从树桩的横断面把树木锯开，自然很容易看到了年轮的变化，但是，这样一来，这棵树木也就死了。如果要进行广泛的科学研究，如果遇到非常珍贵的树木，条件不允许这样观察它们的年轮，该怎么办呢？为了解决这个问题，科学家发明了一种专用工具：钻具，它能从树皮一直钻到树心，然后取出一个薄片，如果它提供的信息不够充分，我们可以再换一个角度，另取一片，这样就不会影响树木的寿命和生长，而又能了解树木的年轮所包含的各种数据。近年来，日本科学家又把 CT 扫描方法用来观察树木的生长状况，而且还可以对古代建筑的木质结构和古代木雕进行科学研究。

36. 雷电是植物引起的吗

电对植物的影响是随处可见的。在很早以前人们就发现，频繁的雷电对农作物的成长发育是有好处的，它能缩短成熟期和提高产量。在避雷器和高压电线附近就能明显发现这一点。另外，无数次的试验也证明，把微弱的电流通入土壤，能使许多植物的种子发芽迅速，产量提高。

植物接受任何一个微小的电荷都像喝一口滋补饮料，会使它的生命过程加速，可以使植物迅速成熟，果实更为丰硕。能享受"电营养品"的不仅是草，还有树木。

美国科学家曾用弱电说治疗树木癌肿病以及其他危难病症。春天，短时间把电极插入树内，通入交流电，电流就进入树枝、树根和土壤。每次时间要根据"患者"的病情来确定。一段时间之后，出现了奇迹，树上长出了新枝和新皮，患处也开始结疤。不过这只有弱电流才行。

经研究发现，所有植物的细胞都是一种特殊的电磁，因此整株植物总是不断地有弱电流通过。哪怕是一个最微小的幼芽，它能够生存的原因，也是因为有电流通过。当电子爬上肺草花的花冠，它身上的电就会发出信号，驱使它的蜜腺分泌出甜汁；含羞草的叶子一受到触动，它就受令立刻卷起；当雨快到来时，蒲公英的花盘就会马上收拢；阿尔卑斯山的龙胆草，对天气变化感受得更为强烈。当乌云遮盖太阳时，花就会立即合拢，一旦太阳出来，它便立即开放，如果遇到阴晴不定的天气，那它可就要忙坏了。

上边的事例，说明植物是离不开电的。那么，植物和雷电有什么关系呢？

直到不久前才研究清楚，所有的花粉都带正电荷，雌蕊带负电荷。正是由于正负电荷的吸收，花粉和雌蕊才有了接触的机会。大家知道，雷是正电和负电相接触的结果，这就和植物有了关系。美国华盛顿大学的文特教授和苏联基辅大学的格罗津斯基教授就认为，雷电就是由植物引起的。

根据是什么呢？据统计，全世界所有的植物每年蒸发到大气里的芳香物质大约有 1.5 亿吨。它们都是迎着阳光飞走的，每一滴芳香物质都带有正电荷，把水分吸到自己的身上，水分就形成了一个水气罩把芳香物质包在核心。就这样一滴滴、一点点地逐渐积聚，越聚越多，最终形成可以发出电闪雷鸣的大块乌云。地球各大洲的上空，每秒钟大约发生 100 次闪电。如果把闪电所释放的全部电收集起来，就可以得到功率为 1 亿千瓦的强大电荷。这正是植物每年散布到空中的数百万吨芳香油所带走的那部分能量。植物把电能传给大气，大气又传给大地，而大地再传给植物。电就是这样年复一年、经久不停地循环着。

也有些人对此提出过许多疑问。接着格罗津斯基又提出一系列问题：为什么雷电出现的地方经常是炎热夏季中遍布植被的地方？这难道不是因为在晴朗暖和的日子里，有更多的芳香油散发到空中吗？为什么在沙漠和海洋上雷鸣是那样稀少？为什么在两极地区和冻土地带没有雷电？为什么冬季很少有雷电？

这些问题如何解答呢？雷电难道真的和植物有关吗？这个问题还有待进一步研究。

37. 植物发电之谜

1918 年，英国的一名钟表匠托尼·埃希尔做了一个实验。他把两个电极插入一个柠檬，一边用铜钱，一边用锌线，把柠檬与一个小型钟表上的电动机的电路相连接。有趣的事情发生了：钟表的指针开始走动，就像接了电源一样。令人难以置信的是，这个小小的柠檬竟使这只表一直走了 5 个月之久。这个实验向人们证实：植物中蕴藏着相当大的能量，可以用来发电。这一发现，无异于给正在千方百计寻找新能源的科学界注入了兴奋剂，许多科学家从中受到启迪和鼓舞，专心致志地投入到这项有意义的研究之中。

美国加利福尼亚大学教授索莫杰伊认为，工业上从水中提取氢气和氧气要消耗大量电能，而植物可以通过光合作用将水分解为氢气和氧气。如果模拟绿叶制造出一种能利用太阳能的"人工绿叶"，就等于造了一座发电厂。为了证明这一点，索莫杰伊还进行了一系列实验。他把氧化铁粉分别掺入镁和硅中，制成"PN"型半导体结盘形板作为催化板，然后将它们浸在导电的硫酸钠溶液时。在阳光照射下，盘面两级产生了电流，并开始将水分解成氢气和氧气。这个实验的最大障碍是氧化问题，掺镁盘面的氧化铁在 8 个小时后就逐渐变成了氧化亚铁，从而降低以至最终失去了催化作用。所以这个简单的实验与投入实际应用还有很大的距离。

美国俄亥俄州立大学的生物化学家们运用生化技术做了更为复杂的实验。他们先把完整的叶绿体从植物组织中分离出来，然后把叶绿体涂在微型过滤膜上，用这种薄膜来分隔两种溶液：一种溶液中含有释放电子的化学物质，另一种溶液则含有电子受体。当光线透过电子受体溶液照射到叶绿体上时，电子就会从释放电子的溶液中通过叶绿体进入电子受体溶液。但是在实际操作中，研究者们发现根据覆盖在薄膜上的叶绿体面积计算，光能只有 3% 左右能立刻转化为电能。这个数字显然太不理想了，因为在理论上，用植物产生的电应该远不止这些。

虽然对植物发电的研究面临很多困难，但人们并没因此而放弃它。首先，植物作为能源是取之不尽的；其次，它比光能电池有更明显的优越性，在能源匮乏的今天，植物发电具有广阔的前景。